**Das A und O der Zimmerpflanzenpflege ist die Wahl des richtigen Standorts. Überlegen Sie deshalb vor dem Kauf, ob Sie der Pflanze Ihrer Wahl auch den passenden Standort in der Wohnung bieten können.**

## HELLER STANDORT

**Standort:**
- hell (mindestens 2000 Lux)
- warm oder kühl
- lufttrocken oder luftfeucht

**Wo finde ich ihn?**
- an Fenstern in Ost- und Westlagen
- dort, wo die Sonne für einige Stunden ins Zimmer scheint
- 1–1,5 m von einem großen Süd- oder Südwestfenster entfernt
- in hellen Wohnungen mit großen Fenstern ohne Gardinen, mit hellen Wänden und Fußböden

**Pflanzen für den hellen Standort:**
Seite 86–103
Auf einen Blick: Seite 160

## HALBSCHATTIGER STANDORT

**Standort:**
- halbschattig (1000–2000 Lux)
- warm oder kühl
- lufttrocken oder luftfeucht

**Wo finde ich ihn?**
- dort, wo die Sonne nur wenige Stunden ins Zimmer scheint
- 1,5–2 m von einem großen Süd- oder Südwestfenster entfernt
- an Plätzen mit indirektem Licht (z.B. neben oder unter Fenstern)
- direkt am oder in unmittelbarer Nähe der Fenster

**Pflanzen für den halbschattigen Standort:**
Seite 104–111
Auf einen Blick: Seite 160

ANJA FLEHMIG

# Zimmerpflanzen für Einsteiger

- Einmaleins der Pflanzenpflege
- Zimmerpflanzen auswählen
- Pflanzideen für jeden Standort

Über 290 Farbfotos
fotografiert von Friedrich Strauß

Illustrationen von Renate Holzner

# Inhalt

## Pflanzen pflegen

## Pflanzen auswählen

## Mit Pflanzen gestalten

# Pflanzen pflegen

## Pflanzen pflegen

# Der richtige Standort

**Den passenden Platz für Zimmerpflanzen aus fernen Ländern bei uns zu Hause zu finden ist das A und O der Zimmerpflanzenpflege.**

Sicher ist gute, liebevolle Pflege, also regelmäßiges Gießen, Düngen oder Umtopfen wichtig. Aber wenn die Pflanzen nicht am richtigen Standort stehen, sind all unsere anderen Bemühungen meistens vergebens.

### Standortfaktoren

In der Natur sind Vorkommen und Verbreitung von Pflanzen stark von den äußeren Bedingungen ihrer unmittelbaren Umwelt abhängig, und zwar:

- ▶ Qualität des Bodens (wichtig als Nährstofflieferant und für die Wasserversorgung),
- ▶ Temperatur (beeinflusst die Geschwindigkeit von Stoffwechselprozessen),
- ▶ Lichtintensität (Energiequelle für die Photosynthese),
- ▶ Niederschlagsmenge (wichtig für die Transpiration, die der Motor für die Weiterleitung von Stoffen innerhalb der Pflanze ist),
- ▶ allgemeine klimatische Verhältnisse wie Tageslänge, Tag- und Nachttemperaturen, Wechsel Winter/Sommer.

Diese Anpassung an den natürlichen Standort ist im Laufe der Evolution so perfekt gelungen, dass sich Pflanzen bei einem Wechsel ihres angestammten Heimatplatzes in eine andere Klimaregion der Erde sehr schwer tun.

### Umstellung auf Zimmerkultur

Gärtnerische Kultur und Züchtung setzen alles daran, die Gäste aus den fernen Ländern im Gewächshaus so gut wie möglich auf unser hiesiges Klima mit der geringeren Lichtintensität und der langen, relativ dunklen Winterzeit umzustellen. Dann müssen die Pflanzen aber noch den Wechsel von den optimierten Bedingungen des Gewächshauses ins Zimmer mitmachen. Für den noch unerfahrenen Zimmerpflanzengärtner empfiehlt es sich daher, mit robusteren Arten anzufangen, damit er nicht gleich die Freude am neuen Hobby verliert. Ein Tipp:

- ▶ Pflanzen mit dunkelgrünen, festen, eher ledrigen Blättern sind unempfindlicher gegenüber Standort- und Pflegefehlern als Pflanzen mit hellgrünen oder panaschierten, dünnen und filigranen Blättern.

***Die meisten Palmen gedeihen in der Wohnung nur gut an einem warmen und hellen Standort.***

# Standortbestimmung in der Wohnung

Licht ist ein wichtiger Faktor für das Pflanzenwachstum. Im Zimmer sind die Lichtverhältnisse allerdings weitaus geringer als im Freien, da das Licht nicht direkt, sondern durch mehr oder weniger große Glasscheiben einfallen kann und meist auch noch durch umgebende Gebäude oder Bäume abgeschwächt wird. Selbst an einem großen Südfenster beträgt die Lichtintensität bei vollem Sonnenschein direkt hinter der Glasscheibe nur etwa 5000 Lux, während sie im Freien – je nach Tageszeit – zwischen 20 000 und 100 000 Lux betragen kann.
Man unterscheidet bei den Zimmerpflanzen vier Gruppen:
▶ Pflanzen für sonnige Standorte (Lichtstärke 3000–5000 Lux)
▶ Pflanzen für helle Standorte, ohne direkten Sonneneinfall (Lichtstärke mindestens 2000 Lux)
▶ Pflanzen, die im Halbschatten gedeihen (Lichtstärke 1000–2000 Lux)
▶ Pflanzen, die mit sehr wenig Licht auskommen und auch noch an schattigen Standorten gedeihen (Lichtstärke auf jeden Fall nicht wesentlich weniger als 1000 Lux)

**Lichtstärke messen**
Die Lichtstärke kann mit einem Luxmeter (im Fachhandel erhältlich) gemessen werden. Aber auch die Pflanzen selbst zeigen an, ob ihnen der Standort zusagt oder nicht. Mit zu hellen Standorten gibt es kaum Probleme, an einem zu dunklen Standort treten jedoch schon nach wenigen Tagen typische Lichtmangelerscheinungen auf:
▶ die Pflanzen stellen ihr Wachstum ein,
▶ die Blätter vergilben und fallen ab,
▶ neue Triebe vergeilen und richten ihr Wachstum nach dem hellsten Punkt aus,
▶ panaschierte Blattpflanzen verlieren ihre Färbung und werden einfarbig grün,
▶ Blütenpflanzen werfen ihre Knospen ab oder setzen erst gar keine an.

**Was tun bei Lichtüberschuss?**
Sonnige Standorte müssen – vor allem zur Mittagszeit in den Sommermonaten – schattiert werden, damit es nicht zu Blattverbrennungen kommt. Es muss auch durch entsprechende Maßnahmen (Schattieren, Lüften) dafür gesorgt werden, dass kein Wärmestau auftritt.

**Pflanzen für feucht-warmes Klima**
Helle Badezimmer sind der ideale Standort für Zimmerbambus und Farne.

**Was tun bei Lichtmangel?**
Dunklere Standorte können mit Hilfe von Pflanzenleuchten künstlich erhellt werden. Als Zusatzlicht im Winter sollte man sie 4–6 Stunden laufen lassen, als alleinige Beleuchtung ca. 12 Stunden am Tag. Normale Glühlampen, Halogen- oder Leuchtstoffröhren reichen als Tageslichtersatz nicht aus. Der Fachhandel bietet jedoch eine große Auswahl unterschiedlicher spezieller Strahler und Leuchten für Pflanzen an.

**Warm oder kalt?**
So wie Pflanzen ganz unterschiedliche Lichtbedürfnisse haben, so verschieden reagieren sie auch auf die Temperatur. Je nachdem, woher die Pflanzen stammen, benötigen sie einen warmen oder kühlen Standort. Man unterscheidet zwischen:
▶ Warm (über 22 °C)
▶ Temperiert oder mäßig warm (16–18 °C, oftmals mit Nachtabsenkung um 3–4 °C)
▶ Kühl (5–12 °C, im Sommer im Freien)
Höhere Temperaturen beschleunigen das Wachstum und das verbraucht Energie. Energie wiederum wird mit Hilfe von Licht aufgebaut, so dass generell

***Das Küchenfenster bietet sich als Standort für verschiedenste Kräuter und blühende Topfpflanzen an.***

gilt: Je wärmer der Standort, desto heller, je kühler, desto dunkler kann er sein.

Eine wichtige Rolle für das Gedeihen der Pflanzen spielt auch die Bodenwärme, die sich in erster Linie auf das Wurzelwachstum auswirkt.

Styropor- oder Korkplatten unter den Pflanztöpfen verhindern das Auskühlen der Wurzelballen auf kühlen Fensterbänken – diese Isoliermaßnahme hilft aber auch gegen eine Überhitzung auf Fensterbänken, die direkt über einem Heizkörper liegen.

**Luftfeuchtigkeit**

Je wärmer ein Raum jedoch ist, desto geringer ist seine Luftfeuchtigkeit, vor allem im Winter, wenn die Zentralheizung auf vollen Touren läuft und nur wenig gelüftet wird.

▶ Trocken-warme Standorte (ca. 30–40 Prozent Luftfeuchtigkeit) eignen sich in erster Linie für Kakteen und Sukkulenten, aber auch für Pflanzen mit derben, ledrigen Blättern.

▶ Feucht-warme Standorte (ca. 60 Prozent Luftfeuchtigkeit) sind etwas für Blattpflanzen mit großen, weichen Blättern, Farne und Orchideen. Eine zu hohe Luftfeuchtigkeit fördert jedoch den Befall mit Pilzen.

▶ Feucht-kalte Standorte (ca. 60 Prozent Luftfeuchtigkeit) werden von den meisten Pflanzen nicht vertragen und führen zu Pilzkrankheiten.

**Querverweise**
*Luftfeuchtigkeit erhöhen*
*Seite 23*

# Gäste aus fernen Ländern

## Kurzinformation

**Pflege tropischer Regenwaldpflanzen**

- ganzjährig warm
- hohe Luftfeuchtigkeit
- heller bis halbschattiger, zugfreier Standort
- Epiphyten nicht zu oft gießen, eher sprühen

**Pflege tropischer Bergwaldpflanzen**

- temperiert (14–18 °C)
- hohe Luftfeuchtigkeit
- heller bis halbschattiger Standort

**Pflege von Wüstenpflanzen**

- ganzjährig warm
- geringe Luftfeuchtigkeit
- sonniger Standort
- wenig gießen, nicht sprühen
- Ruhezeiten einhalten

**Pflege mediterraner Pflanzen**

- im Sommer warm, sonnig und regengeschützt im Freien
- im Winter frostfrei, hell und kühl im Haus

**Tropischer Regenwald**
In tropischen Regenwäldern herrschen ganzjährig Temperaturen zwischen 24 und 30 °C, und die Luftfeuchtigkeit beträgt fast 90 Prozent. Die Tageslänge ist mit etwa 12 Stunden Tag und 12 Stunden Nacht immer gleich.
Aus den tropischen Regenwäldern Afrikas, Brasiliens, Indonesiens und der Philippinen stammen Zimmerpflanzen wie Baumfreund, Fensterblatt, *Ficus*-Arten, Maranten und Orchideen.

**Tropischer Bergwald**
Das Klima in den Gebirgen der feuchten Tropen zeichnet sich durch Regenfälle, häufige Nebelbildung und Kühle aus.
In den feucht-kühlen Bergwäldern von Borneo, Equador, Neuguinea, Peru, Sumatra und Venezuela sind zahlreiche Farne und die Wildform des Flammenden Käthchens (*Kalanchoë-Blossfeldiana*-Hybriden) zu Hause.

**Wenn man die klimatischen Verhältnisse kennt, unter denen unsere Zimmerpflanzen normalerweise wachsen, ist es viel leichter, ihre Pflegeansprüche zu verstehen.**

**Tropische Savannen**
Je weiter wir uns vom Äquator entfernen, desto geringer werden die Niederschläge. In den Savannenlandschaften der Erde sind die Tagestemperaturen immer noch hoch, aber die Niederschläge fallen nur zu bestimmten Zeiten im Jahr, so dass die Vegetation gezwungen ist, mehr oder weniger lange Trockenzeiten zu überstehen.
In den Savannengebieten Argentiniens, Australiens, Brasiliens, Kolumbiens, Venezuelas, Zentralafrikas und Zentral-Madagaskars wachsen u.a. Amaryllis, Weihnachtsstern und Palmen.

**Wüstengebiete**
Wo die Niederschläge noch mehr sinken, wandeln sich Halbwüsten allmählich in Wüsten um – mit Hitze am Tag, Frost in der Nacht und hoher Sonneneinstrahlung.
Aus den Wüstengebieten Australiens, Indiens, Madagaskars, Nord- und Südafrikas, in den südlichen USA und im Süden Südamerikas stammen Pflanzen wie Aloë, Christusdorn, Elefantenfuß, Geldbaum, Madagaskarpalme, Lebende Steine und Yucca.

**Mittelmeergebiet**
Im Mittelmeergebiet, der Heimat von z.B. Bougainvillee, Echter Feige oder Kanarischer Dattelpalme, gibt es warme bis heiße, trockene Sommer und mehr oder weniger regenreiche, warme Winter ohne Frost. Der Wechsel der Jahreszeiten macht sich auch durch starke Unterschiede in der Tageslänge bemerkbar.

**Kapländisches Florenreich**
Die Südspitze Afrikas mit heißen Sommern und feucht-warmen Wintern ist die Heimat von Zimmerkalla, Zimmerlinde, Klivie und der Gattung *Pelargonium.*

**QUERVERWEISE**
***Kübelpflanzen für den Wintergarten***
***Seite 80/81***

# Wohnbereiche kennen lernen

## Kurzinformation

**Sonnig/hell am großen Fenster**

**Birkenfeige, Geigenfeige, Kentiapalme, Kolumnee, Yucca**

**Hell an kleinerem Fenster**

**Alokasie, Buntwurz, Drachenbaum, Fischschwanzpalme, Geigenfeige, Kokospalme, Kranzschlinge, Kroton, Palmfarn, Schraubenbaum, Schwertfarn**

**Halbschattig vom Fenster entfernt**

**Bergpalme, Klivie, Dieffenbachie, Fensterblatt, Flamingoblume, Gummibaum, Purpurtute, Schefflera, kurzlebige Blütenpflanzen**

**Schattige Zimmerecke, schattiger Flur**

***Dracaena marginata,* Efeu, Efeuaralie, Einblatt, Grünlilie, Kletterphilodendron, Schusterpalme, Zimmeraralie**

**Verschiedene Helligkeitsbereiche**

Die Zeichnung veranschaulicht, wie verschieden Lichtintensität und Einfallswinkel des Lichtes in den jeweiligen Wohnräumen sein können. Deutlich ist zu erkennen, wie sehr die Helligkeitsbereiche von der Größe und Ausrichtung der Fenster abhängen: Räume, die nach Süden und Westen liegen, bekommen noch einige Meter in den Raum hinein viel Licht, die nach Osten und Norden gelegenen dagegen wesentlich weniger.
Je größer die Fenster, umso mehr Licht steht zur Verfügung. Gut zu erkennen ist der Lichteinfall, der nur von einer Seite kommt.

**1** Sonniger, heller Standort am großen Südfenster
**2** Heller Standort an kleinerem West- und Ostfenster
**3** Halbschattiger Standort etwa 1–2 m vom großen Südfenster entfernt
**4** Schattiger Standort in der Zimmerecke etwa 3 m vom großen Südfenster entfernt
**5** Dunkler Standort in der Zimmerecke des nach Norden liegenden Zimmers mit kleinem Fenster. Hier brauchen Pflanzen 8–12 Stunden am Tag Zusatzlicht (Pflanzenleuchte)

QUERVERWEISE
*Ein Platz an der Sonne Seite 138*
*Schattenplätze begrünen Seite 142*

QUERVERWEISE
*Lebensnotwendiges Licht Seite 12/13*
*Problemstellen lösen Seite 136*

**Die Standortbedingungen der verschiedenen Wohnräume sind unterschiedlich. Je besser wir sie kennen, umso gezielter können wir Pflanzen unterbringen.**

**Schlafzimmer: Hell und kühl**

Ein kühles, helles Schlafzimmer mit Temperaturen von 16–20 °C ist für einige Pflanzenarten, zum Beispiel Alpenveilchen, Azalee, Becherprimel, Grünlilie oder Zimmerlinde, der ideale Platz. Zudem ist es ein guter Ort für die Pflanzen, die im Herbst und Winter eine Ruhezeit benötigen, zum Beispiel Amaryllis, Klivie, Bougainvillee oder Passionsblume.
Denken Sie daran, dass im kühlen Raum die Pflanzen wesentlich weniger Wasser brauchen, und gießen Sie nur, wenn der Wurzelballen oberflächlich trocken ist.

**Flur: Dunkel und zugig**

Flure sind meist nicht sehr hell, eher kühl und durch das Öffnen und Schließen der Haustüre oft zugig. Aber auch für solch unwirtliche Räume gibt es noch eine Anzahl von Zimmerpflanzen, die den Eingangsbereich freundlich gestalten können.
Schusterpalme und Efeu kommen noch mit sehr wenig Licht aus und sind auch sonst recht robust.
Man kann in Extremfällen ja auch mit einer Pflanzenleuchte nachhelfen. Für Farbe sorgen Pflanzschalen, in denen kurzlebige Saisonpflanzen stehen, die immer wieder durch neue ersetzt werden müssen.

**Badezimmer: Warm und feucht**

Das Badezimmer als kuscheligwarmer, freundlichsauberer Ort gewinnt immer mehr als »Wohn-« Raum an Bedeutung. Unter den feucht-warmen Bedingungen gedeihen vor allem Pflanzen aus Tropenwäldern, die nicht allzu viel Licht benötigen, wie Gräser, manche Palmenarten, Farne und Bromelien. Da das Bad oft nicht sehr viel Stellfläche für Pflanzen besitzt, bieten sich vor allem schmale, aufrecht wachsende Pflanzen oder überhängende Farne und Ampelpflanzen zum Begrünen an.

**QUERVERWEISE**
***Daumenprobe Seite 22***

**QUERVERWEISE**
***Treppenhäuser und Flure begrünen Seite 136***

# Richtig gießen

**Die meisten Zimmerpflanzen vertrocknen nicht, sondern gehen durch viel zu viel oder falsches Gießen ein.**

Wenn eine Pflanze die Blätter hängen lässt, ist dies nicht unbedingt ein Zeichen dafür, dass das Gießen vergessen wurde – im Gegenteil: Im Übertopf steht viel zu viel Wasser und der Wurzelballen ist klatschnass.

### Viel- und Wenigtrinker?

Bei vielen Pflanzen kann man schon anhand der Wuchsform, der Blattgröße und der Blattform ableiten, ob sie viel oder wenig Wasser benötigen.

▶ Große, großblättrige Solitärpflanzen (z.B. Zierbanane), Pflanzen mit großen, weichen Blättern (z.B. Zimmerlinde), mediterrane Kübelpflanzen (z.B. Echte Feige) und Pflanzen, die aus tropischen Sumpfgebieten kommen (z.B. Zypergras), benötigen viel Feuchtigkeit, da über die große Blattmasse auch viel Wasser verdunstet wird.

▶ Kleinere Pflanzen (z.B. Frauenhaarfarn, Zwergpfeffer), Pflanzen mit relativ wenig Blattmasse (z.B. Sansevierien), Pflanzen mit ledrigen, derben Blättern (z.B. Gummibaum, Sansevierie), Kakteen und sukkulente Pflanzen mit wasserspeichernden fleischigen Blättern (z.B. Geldbaum, Flammendes Käthchen) oder Stämmen (z.B. Elefantenfuß) kommen in der Regel mit weniger Feuchtigkeit aus.

### Worauf es noch ankommt

Für den Wasserverbrauch einer Pflanze spielen auch Standort und Pflanzgefäß eine nicht unbedeutende Rolle.

▶ Generell kann davon ausgegangen werden, dass Pflanzen, die hell und warm stehen, mehr Feuchtigkeit benötigen als Pflanzen, die dunkler und kühler untergebracht sind.

▶ Pflanzen, die in großen Töpfen stehen, benötigen mehr Wasser als Pflanzen in kleinen Töpfen, da über eine größere Substratoberfläche mehr Wasser verdunstet wird als über eine kleine.

▶ Pflanzen, die in Tontöpfen und unglasierten Terrakotta-Gefäßen stehen, müssen häufiger gegossen werden als Pflanzen in Plastik-, glasierten Tonoder Metalltöpfen, da durch die porösen Ton- oder Terrakottawände zusätzlich Wasser verdunstet.

***Weißgrüne Eleganz für helle Standorte: Orchidee, Blütenbegonie, Efeu, Wachsblume, Einblatt und Usambaraveilchen.***

# Lebenselixier Wasser

Wasser ist ebenso wie Licht lebenswichtig für alle Lebewesen. Bei den Pflanzen erfüllt es gleich mehrere Aufgaben:

- ▶ Es hilft bei der Aufnahme der Nährsalze aus dem Boden (Austausch von Wasserstoff-Ionen an den Wurzeln gegen die benötigten Salz-Ionen).
- ▶ Es dient als Transportmittel innerhalb der Pflanze (in speziellen Leitungsbahnen fließt ein stetiger Wasserstrom, in dem vor allem Salze zu den verschiedenen Organen transportiert werden).
- ▶ Es baut die Sogkraft auf, die von den Wurzeln bis in die Blätter reicht. Gibt die Pflanze über die Blätter Wasser ab (Transpiration), so entsteht ein Sog in den schmalen Leitungsbahnen, der bis in die feinsten Wurzelspitzen hinein wirkt. Mit Hilfe dieses Soges können Stoffe von den Wurzeln bis in die Blätter transportiert werden.
- ▶ Die Transpiration dient auch als Überhitzungsschutz, denn das über die Spaltöffnungen der Blätter verdunstende Wasser feuchtet die Umgebung an und kühlt gleichzeitig.
- ▶ Es ist wesentlicher Bestandteil der einzelnen Pflanzenzellen und sorgt für die Stabilität der Zellen.

## Hartes oder weiches Wasser?

Die Zusammensetzung des Leitungswassers unterscheidet sich von Ort zu Ort. Für die Verwendung als Gießwasser spielt in der Hauptsache die Wasserhärte, das heißt der Kalkgehalt des Wassers eine Rolle. (Die Wasserhärte wird in Graden deutscher Härte (°dH) gemessen und kann beim örtlichen Wasserwerk erfragt werden.)

- ▶ Weich ist Wasser bis 7 °dH.

Ein Zeichen für besonders weiches Wasser ist es, wenn Seife besonders stark schäumt und nur schwer abzuwaschen ist.

- ▶ Mittelhartes Wasser hat 7–12 °dH.

Solches Wasser gilt als »normal« und wird von den meisten Zimmerpflanzen vertragen. Besser ist es jedoch, wenn das Gießwasser nicht frisch aus der Leitung genommen wird, sondern über Nacht (oder einige Tage) in der Gießkanne abstehen kann.

- ▶ Hartes Wasser ist definiert von 12–18 °dH und darüber.

**Bromelien gießen**
Bromelien sind die einzigen Pflanzen, die in den Blatttrichter gegossen werden müssen.

Untrügliche Zeichen für hartes Wasser sind Kalkablagerungen in Töpfen oder Elektrokochern, auf Armaturen und Becken im Bad.
Hartes Wasser wird von Zimmerpflanzen in der Regel nicht vertragen und sollte vor allem nicht zum Sprühen verwendet werden. Hartes Wasser kann durch Ionenaustauscher oder Chemikalien »weicher« gemacht werden (siehe Seite 27). Wer es noch besser machen möchte, kocht das Gießwasser ab, so dass ein Teil des Kalkes als »Kesselstein« ausfällt.

- ▶ Destilliertes Wasser ist nicht zum Gießen geeignet, da ihm die notwendigen Mineralien fehlen.
- ▶ Regenwasser ist auch nur bedingt zum Gießen von Zimmerpflanzen zu empfehlen, da es oftmals durch Luftverunreinigungen verschmutzt ist.

## Grundsätzliche Gießregeln

- ▶ Zimmerpflanzen grundsätzlich mit zimmerwarmem Wasser (ca. 20 °C) gießen.
- ▶ Gießwasser am besten über Nacht abstehen lassen.
- ▶ Pflanzen am besten morgens gießen, damit überschüssiges Wasser im Laufe des Tages ausgeschüttet werden kann.
- ▶ Lieber einmal durchdringend wässern und dann den Ballen abtrocknen lassen, als jeden Tag nur ein bisschen gießen.

***So verschieden wie Zimmerpflanzen sind, so unterschiedlich sind ihre Wasseransprüche und die Art des Gießens.***

▶ Für kalkempfindliche Pflanzen nur enthärtetes Wasser verwenden.

**Wasser aus der Luft: Sprühen**

Die Feuchtigkeit der Luft spielt vor allem bei den Pflanzen eine große Rolle, die aus den feucht-warmen tropischen und subtropischen Regionen stammen.

Die höchste Luftfeuchtigkeit in der Wohnung (bei warmen Temperaturen) wird im Badezimmer zu finden sein. Da ist es aber oft nicht hell genug für tropische Pflanzen oder es gibt nicht genügend Stellmöglichkeiten. In anderen Räumen kann die Luftfeuchtigkeit auf verschiedene Weise erhöht werden:

▶ Mindestens einmal am Tag die Pflanzen mit zimmerwarmem, kalkfreiem Wasser besprühen.

▶ Mehrere großblättrige Pflanzen zusammenstellen, so dass eine von der Verdunstung der anderen Vorteil hat.

▶ Pflanzen auf eine mit Kies und Wasser gefüllte Schale stellen.

▶ Pflanztopf in einen zweiten, etwas größeren Topf einbetten (Zwischenraum mit Tongranulat, Kies oder Blähton auffüllen und diesen möglichst immer feucht halten).

▶ Besonders feuchtigkeitsbedürftige Pflanzen in ein Gewächshaus, eine Pflanzenvitrine oder ein geschlossenes Blumenfenster stellen, in denen die Luftfeuchtigkeit stets gleich bleibt.

# Wann, wie, wie oft gießen?

## Kurzinformation

**Zu welcher Tageszeit gießen?**

- **in der Regel am Morgen,**
- **im Sommer an sonnigen Standorten bei besonders durstigen Pflanzen auch morgens und abends**
- **nie bei starker Sonneneinstrahlung**

**Wann muss gegossen werden?**

- **wenn sich die Erdoberfläche trocken anfühlt**
- **wenn der Pflanztopf besonders leicht ist**

**Wann ist ein Tauchbad angesagt?**

- **wenn Pflanzen besonders stark ausgetrocknet sind, d.h. Gießwasser sofort aus dem Abzugsloch abläuft oder erst gar nicht in den Wurzelballen eindringt**

**Wohin gießen?**

- **am besten direkt auf den Wurzelballen oder in den Untersetzer gießen**

**Die Daumenprobe**
Wenn man vor dem Gießen die Feuchtigkeit der Erdoberfläche im Topf kurz mit dem Daumen und/oder Zeigefinger prüft, kann man nichts falsch machen. Fühlt sich die Oberfläche trocken und krümelig an, braucht die Pflanze wieder Wasser; ist sie noch feucht und bleiben Erdkrümel am Finger hängen, kann man mit dem Gießen noch warten.

**Von oben gießen**
Die meisten Zimmerpflanzen können ohne weiteres von oben gegossen werden, und zwar direkt auf den Wurzelballen, nicht auf die Blätter. Geben Sie so viel Wasser zu, bis die Erdoberfläche gut feucht ist und sich etwas Wasser im Untersetzer sammelt. Überschüssiges Wasser, das nach 1–2 Stunden noch nicht aufgesogen wurde, wegschütten, sonst entsteht Staunässe.

**Für das Gießen der Zimmerpflanzen gibt es leider kein allgemeingültiges Schema. Die benötigte Wassermenge richtet sich nach Pflanzenart, Wachstumsphase, Standort und Topfgröße.**

### Von unten gießen

Pflanzen mit behaarten, samtigen, dickfleischigen oder weichen Blättern (z.B. Usambaraveilchen oder Alpenveilchen), über den Topfrand hängende (z.B. Bubiköpfchen) oder bodendeckende Pflanzen (z.B. Kletterficus) werden am besten über den Untersetzer mit Wasser versorgt, damit die Blätter trocken bleiben und nicht zu faulen beginnen. Die Pflanzen saugen relativ schnell das Wasser nach oben, so dass auch hier nach einigen Stunden überschüssiges Wasser weggeschüttet werden kann.

### Luftfeuchtigkeit erhöhen

Pflanzen mit hohem Luftfeuchtigkeitsbedarf werden am besten ein- bis zweimal täglich mit zimmerwarmem, kalkfreiem Wasser eingesprüht und/oder auf eine dicke Drainage-Schicht aus Kies, Blähton oder Bimsstein gestellt. Dabei den Untersetzer mit so viel Wasser füllen, dass die obere Hälfte der Steine und der Pflanzentopf selbst trocken stehen. Über die Verdunstung des Wassers an den großen Oberflächen der Steine erhöht sich die Luftfeuchtigkeit in unmittelbarer Nähe der Pflanze.

### Das Tauchbad

Während der Hauptwachstumszeit im Frühjahr/Sommer sind Farne, Orchideen, Azaleen, Pflanzen mit behaarten Blättern und sogar Kakteen für ein gelegentliches Tauchbad dankbar. Stellen Sie das Pflanzgefäß bis zum Topfrand in ein großes Gefäß mit zimmerwarmem Wasser, bis keine Luftblasen mehr aufsteigen – jetzt hat sich der Wurzelballen gut vollgesaugt. Auch für Ampelpflanzen, die in luftiger Höhe meist nicht ausreichend gegossen werden, weil man das nicht gut prüfen kann, sind Tauchbäder das Mittel der Wahl.

**EXPERTENTIPP**

***Pflanzen, die sehr viel Wasser benötigen, von oben und unten gießen.***

**EXPERTENTIPP**

***Die Erhöhung der Luftfeuchtigkeit ist kein Gießersatz!***

**EXPERTENTIPP**

***Tauchbäder helfen auch, wenn der Wurzelballen völlig ausgetrocknet ist.***

# Zubehör zum Gießen

| | Verwendung | Tipps |
|---|---|---|
|  | **Gießen**<br>Zum regelmäßigen Gießen eignet sich für größere Pflanzen eine 5–10 Liter fassende Gießkanne mit kurzem Gießhals, für kleine Pflanztöpfe ist eine kleine Gießkanne mit langem Gießhals besser geeignet. | Gießkanne nach dem Gießen gleich wieder auffüllen, damit das Wasser abstehen und Zimmertemperatur erreichen kann. Gießkannen öfter von Innenbelägen befreien. |
|  | **Sprühen**<br>Für Pflanzen aus den feucht-tropischen Regenwäldern ist regelmäßiges Sprühen zum Erhalt der hohen Luftfeuchtigkeit wichtig. Das Sprühen ersetzt bei der Stecklingsvermehrung, in Pflanzenterrarien und Flaschengärten das Gießen. | Verwenden Sie zum Sprühen nur zimmerwarmes, kalkfreies Wasser. Wählen Sie ein Sprühgerät, bei dem sich vor dem Sprühen mit einem einfachen Pumpmechanismus Druck auf »Vorrat« erzeugen lässt. |
|  | **Bewässern mit Tonkegeln**<br>Die Bewässerung mit Tonkegeln ist ideal für Einsteiger und Ungeübte im Gießen, denn über die Saugvorrichtung holt sich die Pflanze genau die Menge Wasser, die sie tatsächlich braucht. Zudem eine gute Methode zur Urlaubsbewässerung. | Regelmäßig den Wasserstand im Ansaugstutzen kontrollieren. Die Wasservorratsbehälter veralgen relativ rasch, daher dunkles Glas verwenden, den Vorratsbehälter öfter auswaschen oder austauschen. |
|  | **Bewässern mit Matten**<br>Pflanzen können übers Wochenende – auf einer Bewässerungsmatte auf der Spüle zusammengestellt – ohne weiteres allein gelassen werden. | Pflanzen vor dem Weggehen nochmals gut gießen – darauf achten, dass überschüssiges Wasser ablaufen kann und weggeschüttet wird, damit keine Staunässe entsteht. |

**Wer mehr als zwei oder drei Zimmerpflanzen sein Eigen nennt, der braucht etwas mehr als nur eine Gießkanne.**

| | Verwendung | Tipps |
|---|---|---|
|  | **Luftfeuchtigkeit erhöhen**<br>In geheizten und trockenen Räumen erhöhen mit Blähton oder Kies und Wasser gefüllte Schalen oder Untersetzer oder Luftbefeuchter aus Ton, die an die Heizkörper gehängt werden, die Luftfeuchtigkeit. | Luftbefeuchter ersetzen vor allem bei tropischen Pflanzen, die eine hohe Luftfeuchtigkeit benötigen, keinesfalls das regelmäßige Sprühen! |
|  | **Wasser billig enthärten**<br>Für Pflanzen, die kalkfreies Wasser benötigen, ist das Abkochen von Leitungswasser in einem elektrischen Wasserkocher die einfachste und schnellste Methode zur Wasserenthärtung. | Abgekochtes Wasser vor dem Umfüllen in die Gießkanne erst richtig abkühlen lassen, damit sich der Kalk absetzen kann. |
|  | **Wasser etwas teurer enthärten**<br>Kalkhaltiges Wasser lässt sich außer durch Abkochen etwas teurer auch mit Hilfe von speziellen Ionenaustauschern enthärten. | Der Ionenaustauscher muss öfter ausgewechselt werden. Nur Ionenaustauscher aus dem Gartenfachhandel verwenden! |
|  | **Regenwasser sammeln**<br>Regenwasser ist von vornherein kalkfrei – manchmal jedoch durch Verschmutzung der Dachfläche belastet, daher nicht das erste vom Dach ablaufende Wasser in der Tonne auffangen. | In Großstadtgebieten oder in der Nähe von Industrieanlagen/Autobahnen kein Regenwasser sammeln. Regentonne stets zugedeckt lassen. Kein allzu lange abgestandenes Regentonnenwasser benutzen. |

# Richtig düngen

**Auch Pflanzen brauchen eine gesunde Ernährung, das heißt qualitativ gute Erde und die Beachtung der notwendigen Düngermengen.**

Richtig gedüngte Pflanzen wachsen besser und bleiben gesünder. Was sich wie eine Binsenweisheit anhört, wird im Alltag leider viel zu oft vergessen.

### Jeder Pflanze ihren Dünger

Unterschiedliche Pflanzen benötigen auch verschiedene Dünger. Grünpflanzen z.B. brauchen einen anderen Dünger als Blütenpflanzen. Das hängt damit zusammen, dass die Blütenbildung eine etwas andere Nahrungszusammensetzung verlangt als das Wachstum der Zweige und Blätter. Auch spezielle Pflanzengruppen wie Kakteen, Orchideen oder Azaleen oder aber Pflanzen in Hydrokultur benötigen ganz spezielle Nährstoffzusammensetzungen, die aber alle im Fachhandel erhältlich sind.
Wenn Sie zudem darauf achten, dass Sie ein Qualitätsprodukt verwenden, das auch mit den nötigen Spurenelementen angereichert ist, so haben Sie von vornherein die Sicherheit, das Richtige zu »füttern«. Dabei gilt die Faustregel: Je wärmer und heller eine Pflanze steht, desto mehr Dünger verträgt sie.

### Erde ist nicht gleich Erde

Ebenso wie beim Einsatz der verschiedenen Düngerarten (siehe Seite 34) verhält es sich mit den Blumenerden. Wenn Sie sich nicht für Hydrokultur (siehe Seite 62) entschieden haben, so wachsen Ihre Pflanzen am besten, wenn sie ihnen die passende Erde geben (siehe Seite 32). Das ist entscheidend für ihr Gedeihen, denn nur so kann die Pflanze ihre Nährstoffe in der richtigen Menge aufnehmen.

### Zeit des Wachsens, Zeit der Ruhe

In der Wachstumszeit – das ist in der Regel die Zeit von etwa Anfang März bis Anfang/Mitte Oktober – brauchen Pflanzen mehr Nährstoffe, das bedeutet für den Zimmergärtner regelmäßig düngen oder einen Langzeitdünger zugeben. In der lichtärmeren Ruhezeit – etwa Oktober bis Ende Februar – muss bei vielen Pflanzen in der Regel das Düngen eingestellt oder eingeschränkt werden.

***Robustes Grün in Hydrokultur: Dieffenbachie, Keuenlilie, panaschierte Kletterfeige, Efeutute und Bergpalme.***

# Wachstum braucht Ernährung

Pflanzen können sich »melden«, wenn sie Dünger brauchen: Sie wachsen weniger eifrig, ihre Blätter verfärben sich, sie stellen das Blühen ein und werden von innen heraus kahl. Pflanzen benötigen vor allem

- ▶ Stickstoff für das allgemeine Wachstum,
- ▶ Phosphor zur Blüten- und Fruchtausbildung,
- ▶ Kalium zur besseren Ausreifung des Gewebes.

Dazu kommen eine Reihe von unverzichtbaren Spurenelementen wie Eisen, Kupfer oder Mangan. Fehlt auch nur einer dieser Bausteine, kann die Pflanze nicht weiter wachsen. Und jede Pflanzengruppe, manchmal auch ganz bestimmte Arten, braucht ihren speziellen Dünger (siehe Seite 32).

### Verschiedene Düngerformen

Dünger werden beim Gärtner und im Fachhandel in verschiedenen Formen angeboten: flüssig, als Pulver oder Granulat, in Form von Düngestäbchen, Düngekegel und Langzeitdünger. Der Zimmergärtner wird mit der Zeit selbst herausfinden, welche Düngerform ihm am besten zusagt, und mit welchem Produkt er die besten Erfahrungen macht.

### Tipps zum Düngen

- ▶ Wenden Sie Dünger stets nach Herstellerangabe an.
- ▶ Achten Sie auf regelmäßige Düngung.
- ▶ Beachten Sie, dass stark wachsende Pflanzen, z.B. Zimmerlinde oder Birkenfeige, mehr Dünger brauchen als langsam wachsende Pflanzen (z.B. Kakteen).
- ▶ Bedenken Sie auch, dass viele Pflanzen im Winterhalbjahr, wenn die Tage kürzer werden, eine Ruhepause und damit keinen Dünger bzw. reduzierte »Rationen« benötigen.

### Verschiedene Pflanzsubstrate

Ebenso zielgerichtet, wie Dünger verwendet werden, verhält es sich auch mit den Pflanzsubstraten, die aus ganz verschiedenen Komponenten zusammengemischt sind:

- ▶ Wachstum fördernde Humusstoffe,
- ▶ Ton, der Wasser und Dünger regulieren hilft,
- ▶ Zuschlagstoffe wie Sand oder Styropor, die das Gemisch auflockern.

So gibt es beispielsweise ganz spezielle Pflanzsubstrate für Kakteen, Orchideen und Azaleen, für reine Grünpflanzen und für Blütenpflanzen, die so gemischt sind, dass das Zusammenspiel von Erde und Dünger für die jeweilige Pflanzengruppe optimal ist. All diesen Substraten ist gemein, dass die Qualitätssubstrate unter ihnen gute Wasser- und Düngerführung besitzen, strukturstabil sind und im Blumentopf nicht klumpen. In der Regel hat die bessere Qualität auch ihren Preis. Am häufigsten findet man im Handel Substrate, die in ihrer Zusammensetzung so gewählt sind, dass sie für das Gros der Zimmerpflanzen verwendet werden können. Sie finden sie unter Begriffen wie »Einheitserde« oder Torfkultursubstrat (TKS2).

**Düngen mit Flüssigdünger**
Flüssigdünger vermischt sich sehr schnell mit dem Gießwasser und lässt sich leicht dosieren.

### Wachsen ohne Erde

Einige Pflanzenspezialisten, die als so genannte Epiphyten auf der Rinde von Urwaldriesen zu wachsen gewohnt sind, benötigen keine Blumenerde. Ihnen reicht eine Hand voll Moos oder grobe Pflanzenreste, auf die sie gebunden werden (z.B. einige Orchideen-Arten, Bromelien oder Farne).

### Eigenen Kompost verwenden?

Kompost ist zwar ein guter Pflanzendünger im Garten, für Zimmerpflanzen

**_Blumendünger wird in den verschiedensten Formen im Handel angeboten: als Flüssigdünger, in Pulver- oder Granulatform oder als Langzeitdünger in Tabletten-, Stäbchen- oder Kegelform._**

kann man ihn aber nur verwenden, wenn er zuvor mit heißem Wasserdampf behandelt wurde. Denn erst dann sind Krankheitskeime und Unkrautsamen, die zwangsläufig in jedem Komposthaufen zu finden sind, abgetötet und können den empfindlichen Zimmerpflanzen nichts anhaben.

### Umtopfen – ein Muss

Gut wachsende Pflanzen bilden natürlich einen starken Wurzelballen aus, der irgendwann einmal das Pflanzgefäß vollkommen ausfüllt – jetzt ist die Zeit gekommen, die Pflanze aus- und in ein größeres Gefäß mit neuer Erde umzutopfen.

▶ Den neuen Topf so wählen, dass er rundum 2 cm größer ist als der alte.

▶ Die beste Zeit zum Umtopfen ist Ende Februar/Anfang März, wenn die Pflanzen mit zunehmender Lichtintensität wieder neuen Wachstumsschwung bekommen.

### Wachsen in Tonkügelchen

Eine relativ bequeme und pflegeleichte Art der Zimmerpflanzenhaltung ist die Hydrokultur, bei der die Pflanzen in einem speziellen Substrat, dem Blähton, wachsen. Sie müssen seltener umgetopft und können bequemer auf Vorrat gegossen und gedüngt werden.

# Erde ist nicht gleich Erde

## Kurzinformation

**Ohne Erde wachsen**

- **Bromelien**
- **Tillandsien**

**Spezielle Substrate benötigen**

- **Kakteen**
- **Orchideen**
- **Zitruspflanzen**

**Saurere Blumenerde bevorzugen**

- **Azaleen**
- **Begonien**
- **Buntnessel**
- **Flamingoblume**
- **Zimmertanne**

**Kalkhaltigere Blumenerde vertragen**

- **Agave**
- **Aschenblume**
- **Glockenblume**
- **Sansevierie**

**Einheitserde**

Für die meisten Zimmerpflanzen ist Qualitätsblumenerde, im Handel unter den Namen Torfkultursubstrat (TKS 2) oder Einheitserde geführt, am besten geeignet. Sie ist von gleichmäßiger Konsistenz, hat einen Anteil Ton beigemengt und ist frei von Verunreinigungen und Unkrautsamen. Höherwertige Erde ist in der Regel bereits mit etwas Dünger versehen, so dass neu eingetopfte Pflanzen erst nach ca. 6 Wochen gedüngt werden müssen.

**Spezialsubstrate**

Einige Pflanzengruppen benötigen ganz spezielle Substrate: Das Pflanzsubstrat für Azaleen z.B. muss einen niedrigen pH-Wert haben; Orchideen brauchen ein extrem wasser- und luftdurchlässiges Pflanzsubstrat; Kakteen wachsen am besten in einem nährstoffarmen, durchlässigen, eher sandigen Substrat. Solche Spezialsubstrate sind in jedem Fachgeschäft erhältlich.

**Beim Umtopfen von Zimmerpflanzen kommt es in erster Linie auf das richtige Substrat an – aber auch Durchlüftung und Drainage sind wichtig.**

**Seramis Tongranulat**
Tongranulat kann sich mit Wasser voll saugen und sorgt so dafür, dass der Wurzelballen der Pflanzen länger feucht gehalten wird. Weil es grobkörnig ist, ist das Granulat trotzdem durchlüftet – die Pflanzenwurzeln »ertrinken« nicht.

**Kieselstein-Drainage**
Beim Umtopfen zuerst eine Lage Kieselsteine in den Topf geben: Erstens entsteht eine Drainageschicht, zweitens beschweren die Kiesel den Topf und erhöhen so die Kippsicherheit.

**Gut durchlüftetes Pflanzsubstrat**
Für Pflanzen, die ein lockeres, sich leicht erwärmendes Substrat verlangen, mischt man der Blumenerde grobkörnige Bestandteile wie Sand oder Styropor (im Verhältnis 3:1) unter. Auf diese Weise wird der Boden besser durchlüftet, überschüssiges Gießwasser fließt zügig ab – Staunässe wird verhindert.

**Tonscherben gegen Ausschwemmen**
Damit das Pflanzsubstrat beim Gießen nicht ausgeschwemmt wird, deckt man das Abzugsloch im Topf mit mehreren Tonscherben ab und befüllt erst dann das Gefäß mit Erde. Man mengt beim Umtopfen übrigens nicht mehr – wie früher empfohlen – Tonscherben unter die Erde. Zwar durchlüften die Scherben die Erde und helfen, sie feucht zu halten. Aber beim Arbeiten in der Erde besteht Verletzungsgefahr an den Scherben – verwenden Sie stattdessen Blähton.

**Querverweise**
***Gießen Seite 22/23***
***Urlaubsbewässerung Seite 24/25***

**Querverweise**
***Vermehrung Seite 64–67***

**Querverweise**
***Umtopfen Seite 42/43***

# Verschiedene Düngerformen

## Kurzinformation

### Bromelien düngen

**Nach Herstellerangaben Düngelösung eines Grünpflanzendüngers ansetzen. Davon 1 Teil mit 10 Teilen weichem Wasser mischen und gießen. Zum Besprühen oder zum Füllen der Blattzisternen diese Mischung erneut mit 50 % weichem Wasser verdünnen.**

### Farne düngen

**Ein Viertel der Konzentration eines handelsüblichen Düngers reicht.**

### Kakteen düngen

**Kakteendünger oder ein Viertel der Herstellerangaben eines Grünpflanzendüngers verwenden.**

### Orchideen düngen

**Orchideendünger oder ein Viertel bis max. die Hälfte eines handelsüblichen Grünpflanzendüngers verwenden.**

**Flüssigdünger**
Flüssigdünger werden einfach dem Gießwasser beigemischt. Niemals jedoch direkt auf trockenes Substrat düngen, sondern vor dem Düngen das Substrat erst anfeuchten.
Dünger in Granulat- oder Pulverform vor dem Beimengen zum Gießwasser am besten zuerst in etwas Wasser auflösen. Diese Lösung dann in die passende Gießwassermenge (Herstellerangaben beachten) einrühren. Beachten Sie gerade bei der Gabe von Flüssigdünger die genauen Düngeansprüche Ihrer Pflanzen.

**Düngestäbchen**
Düngestäbchen erleichtern die Düngung, denn sie wirken über mehrere Monate und man läuft nicht Gefahr, zu viel oder zu wenig Dünger zugeben.
Im Frühjahr Düngestäbchen am Rand des Pflanzgefäßes so tief in das Substrat drücken, dass es bedeckt ist. Die Anzahl der zu verwendenden Stäbchen richtet sich nach der Pflanzen- und Topfgröße. Wichtig ist es, darauf zu achten, dass die Stäbchen später tatsächlich vom Gießwasser erreicht werden, damit sie sich auflösen und so die Nährstoffe nach und nach abgeben können.

**EXPERTENTIPP**
***Lieber öfter schwach als einmal zu viel düngen!***

**Zimmerpflanzen müssen zur Wachstumszeit regelmäßig mit Nährstoffen versorgt werden. Leichter geht es allerdings mit Langzeitdünger.**

**Düngekegel/Düngetabletten**
Düngekegel oder -tabletten versorgen die Pflanze ebenfalls langsam über längere Zeit mit den notwendigen Nährstoffen. Auch dieser Langzeitdünger wird nur einmal im Frühjahr zugegeben. Drücken Sie den Dünger mit einem Löffelende oder Holzstäbchen tief in das Substrat ein. Werden bei größeren Pflanzen oder bei Pflanzgruppen mehrere Düngerportionen benötigt, so verteilt man die Kegel oder Stäbchen gleichmäßig um die Pflanzen herum.

**Organischer Dünger**
Auch organischer Dünger, wie z.B. Hornmehl, kann als Langzeitdünger eingesetzt werden. Dazu mischt man entweder die erforderliche Düngermenge beim Umtopfen im Frühjahr gleichmäßig unter das Pflanzsubstrat oder legt am Topfboden eine Düngeschicht an (siehe Zeichnung).
Dieses Verfahren ist besonders für stark Dünger zehrende Pflanzen, wie z.B. Hibiskus oder Topfrosen, geeignet, aber auch für Zimmerpflanzen, die nur noch alle 2–3 Jahre umgetopft werden müssen.

**Nährstoffbatterie austauschen**
Bei Pflanzen in Hydrokultur muss von Zeit zu Zeit (etwa alle 3 Monate) auch die Nährstoffbatterie mit dem Langzeitdünger ausgewechselt werden, damit sich nicht verbrauchte Nährsalze nicht ansammeln und die zarten Pflanzenwurzeln schädigen können.
Achtung: Es gibt Langzeitdünger für hartes und für weiches Wasser, wählen Sie den für Ihre Wasserhärte passenden Dünger aus!

**QUERVERWEISE**
***Umtopfen Seite 42/43***

**QUERVERWEISE**
***Hydrokultur Seite 62/63***

# Pflegefehler erkennen und beseitigen

| Schadbild | Beschreibung/Ursache | Abhilfe und Tipps |
| --- | --- | --- |
|  | **Geilwuchs**<br>Die Pflanzentriebe sind dünn und in die Länge geschossen. Der Abstand zwischen den einzelnen Blättern ist ungewöhnlich lang, die Blätter selbst sind meist gelblich-hellgrün verfärbt.<br>Die Pflanze stand zu dunkel. | Stellen Sie die Pflanze heller. Schneiden Sie die langen Triebe bis auf wenige Zentimeter zurück. Topfen Sie am besten in neue Erde um. |
|  | **Sonnenbrandflecken**<br>Die Blätter haben braune Flecken, die klein und linsenförmig oder auch langgezogen-oval sein können.<br>Die Blätter sind durch starke Sonneneinstrahlung und/oder Wasser auf den Blättern verbrannt. | Geschädigte Blätter bleiben geschädigt. Pflanzen vor praller Sonneneinstrahlung schützen; kein Wasser auf den Blättern stehen lassen; nicht bei Sonne sprühen; Pflanzen, die ins Freie kommen, langsam an die Sonne gewöhnen. |
|  | **Schlaffe Blätter und Triebe**<br>Blätter und Triebe hängen schlaff herunter, obwohl der Erdballen feucht genug ist.<br>Die Pflanze ist entweder überdüngt worden oder stand zu kühl bei geschädigten Wurzeln. | Pflanze austopfen und Wurzeln auswaschen; beschädigte Wurzeln abschneiden, Pflanze in neues Substrat eintopfen; wärmer aufstellen (Bodenwärme). |
|  | **Blatt- oder Knospenabwurf**<br>Die Pflanze wirft plötzlich viele noch grüne Blätter und/oder Blütenknospen ab, oder die Blätter werden an den Rändern braun, rollen sich ein und fallen dann ab.<br>Die Pflanze steht zu lufttrocken. | Pflanze luftfeuchter aufstellen und öfter sprühen.<br>Bei Blütenpflanzen nicht auf die Blüten oder Blütenknospen sprühen. |

**Sehr viele Schädigungen an Zimmerpflanzen sind auf einen falschen Standort oder falsches Gießen und Düngen zurückzuführen.**

| Schadbild | Beschreibung/Ursache | Abhilfe und Tipps |
| --- | --- | --- |
|  | **Gelbe Blätter bei der Birkenfeige**<br>Die Pflanze bekommt gelbe Blätter und wirft gehäuft gelbe und auch grüne Blätter ab.<br>Die Birkenfeige reagiert mit Blattwurf bei Zugluft, Standortwechsel und zu feuchtem oder zu trockenem Ballen. | Pflanze vor Zugluft schützen; nicht ständig umstellen; auf Übernässung oder auf zu trockenen Wurzelballen prüfen. |
|  | **Stark aufgehellte Blätter**<br>Die Blätter sind auffällig hellgrün und wirken ausgebleicht.<br>Ursache kann ein zu heller Standort, aber auch eine Überdüngung sein. | Überprüfen Sie die Standortansprüche der Pflanze und stellen Sie sie eventuell etwas schattiger. Düngen Sie nicht zu viel auf einmal, lieber öfter wenig. |
|  | **Vergilben der Blätter (Chlorose)**<br>Vor allem jüngere Blätter vergilben zwischen den Blattadern, so dass das Adernetz deutlich grün hervortritt.<br>Die Pflanze leidet unter Eisenmangel, bedingt durch einen zu hohen Kalkgehalt des Substrates. | Als Soforthilfe mit einem eisenhaltigen Dünger düngen; am besten jedoch Pflanze in frisches Substrat umtopfen und weniger kalkhaltiges Wasser zum Gießen verwenden. |
|  | **Völlig durchwurzelte Pflanze**<br>Der Wurzelballen der Pflanze ist völlig durchwurzelt, es wird sogar Erde aus dem Topf gedrückt.<br>Die Pflanze ist für den Topf zu groß geworden. | Pflanze in neues Substrat und größeren Topf umtopfen. Regelmäßig umtopfen oder auf Hydrokultur umstellen, bei der seltener umgetopft werden muss. |

# Richtig pflegen

**Die meisten Zimmerpflanzen benötigen, den richtigen Standort und die passende Gießmenge vorausgesetzt, nur wenig zusätzliche Pflege.**

Eine der wichtigsten Voraussetzungen für ein gutes Gedeihen der Zimmerpflanzen ist ein wachsames Auge. Wer täglich mit seinen Pflanzen »spricht«, dem wird schnell auffallen, wenn irgendetwas mit ihnen nicht stimmt.

### Goldene Regeln

Grundsätzlich gilt Folgendes für die Pflege der Zimmerpflanzen:

- ▶ Geben Sie den Pflanzen ausreichend Platz.
- ▶ Die meisten Pflanzen stehen gern hell, jedoch nicht vollsonnig, nicht zu warm (um 22 °C) und vertragen keine Zugluft.
- ▶ Sehr viele Pflanzen bevorzugen im Winter einen kühlen, hellen Platz.
- ▶ Pflanzen mit großer Blattmasse verdunsten viel Wasser und benötigen eine höhere Luftfeuchtigkeit. Sie sollten daher öfter gesprüht werden.
- ▶ Nur mit zimmerwarmem, kalkfreiem Wasser sprühen.
- ▶ Der Wurzelballen darf bei den meisten Pflanzen weder ganz nass noch ganz trocken sein, daher öfter die Daumenprobe anwenden.
- ▶ Zur Wachstumszeit im Frühjahr und Sommer regelmäßig im Abstand von 2–4 Wochen düngen oder einmal im Frühjahr Langzeitdünger zufügen.
- ▶ Während der winterlichen Ruhezeit nicht düngen und weniger gießen.
- ▶ Wenn der Wurzelballen ganz durchwurzelt ist, im Frühjahr in einen etwas größeren Topf mit frischem Pflanzsubstrat umtopfen.
- ▶ Regelmäßig welke Pflanzenteile entfernen.
- ▶ Blattpflanzen einmal im Jahr abduschen, um den Staub von den Blättern zu entfernen.

### Pflegeleicht oder pflegeaufwändig

Für pflegeleichte Pflanzen, z.B. Efeu, Fensterblatt, Grünlilie, Gummibaum, Sansevierie, Schusterpalme oder Yucca, reichen die oben genannten Tipps zur Pflege völlig aus.

Für pflegeaufwändige Pflanzen, wie Azaleen, Orchideen, Grünpflanzen mit bunten Blättern und viele blühende Pflanzen, sollten Sie die genauen Pflegehinweise kennen und beachten, um lange Freude an ihnen zu haben.

***Blattpflanzen müssen nicht immer »nur grün« sein, wie diese aparte Zusammenstellung deutlich beweist.***

# Etwas Pflege muss sein

Wer hätte ihn nicht gern – den grünen Daumen? Dann könnte man sich jede Pflanze ins Zimmer holen, die einem gefällt, und die ewige Unsicherheit »Was mache ich jetzt schon wieder falsch?« hätte endlich ein Ende.

**Pflegehinweise beachten**

Für jede Pflanze, die zum Verkauf angeboten wird, egal wie exotisch sie anmuten mag, gibt es ganz genaue Beschreibungen, unter welchen Bedingungen sie am besten wachsen kann.

▶ Fragen Sie daher beim Kauf immer nach dem genauen Namen der Pflanze und bitten Sie um Pflegehinweise, wenn kein entsprechendes Etikett im Topf steckt.

▶ In manchen Gartencentern gibt es kleine Sticker mit Pflegehinweisen für die gängigsten Pflanzenarten, fragen Sie danach.

▶ Praktisch sind auch kleine Ratgeberbücher, in denen die gängigsten Zimmerpflanzen mehr oder weniger ausführlich beschrieben werden.

▶ Wollen Sie sich intensiver mit Zimmerpflanzen beschäftigen, dann lohnt sich auch die Anschaffung eines ausführlicheren Zimmerpflanzenbuches (siehe Literaturverzeichnis, Seite 152).

**Standort und Wasserqualität prüfen**

Vergleichen Sie den ausgewählten Standort Ihrer Pflanze mit den entsprechenden Hinweisen der Pflegeanleitung. Bietet er der Pflanze die erforderlichen Lichtverhältnisse? Wie sieht es mit der Temperatur aus? Hat die Pflanze auch genügend Platz? Beachten Sie auch, dass viele Pflanzen im Sommer einen anderen Standort brauchen als im Winter.

Prüfen Sie die Qualität des Gießwassers. Welchen Härtegrad hat Ihr Leitungswasser, und welchen Härtegrad verträgt Ihr Neuzugang?

**Pflanzen beobachten**

Wenn Sie noch wenig Erfahrung in der Pflege von Zimmerpflanzen haben, sollten Sie jede Neuanschaffung in den ersten Wochen gut beobachten, dann fallen Ihnen mögliche Veränderungen an der Pflanze schnell auf und Sie können rasch handeln.

▶ Machen Sie alle 2–3 Tage die Daumenprobe. Ist das Pflanzsubstrat noch feucht genug?

▶ Sehen Sie sich die Blätter genau an. Haben sie sich irgendwie verändert? Sind sie noch straff und stramm oder hängen sie schlaff herunter? Verändert sich ihre Färbung? Bekommen sie gelbe oder braune Spitzen?

▶ Beobachten Sie bei Blütenpflanzen die Knospen. Wachsen sie weiter? Öffnen sie sich oder stagnieren sie im Wachstum?

▶ Schauen Sie auch einmal auf die Blattunterseiten oder in die Blattachseln. Haben sich möglicherweise Schädlinge eingefunden?

**Pflanzenkosmetik**

Große, derbe Blätter sollten immer wieder einmal mit einem feuchten Tuch vom Staub befreit werden.

**Gefahr erkannt – Gefahr gebannt**

Tierische Schädlinge oder durch Bakterien oder Pilze verursachte Krankheiten können unseren Pflanzen ganz schön zu schaffen machen. Und was noch schlimmer ist, allzu schnell breiten sie sich auf andere Pflanzen aus. Ihre Bekämpfung ist oft mühsam, langwierig und leider auch manches Mal nicht von Erfolg gekrönt. Deshalb lohnt sich das genaue Hinsehen und Betrachten von Blättern (Pilzbefall), Blattober- und -unterseite (Schildläuse), auf neue Triebe (Blattläuse), Stängel (Pilzbefall) und auf die Substratoberfläche (Thripse, Weiße Fliege). Je eher Sie Schädlingsbefall oder Krankheitsanzeichen erkennen, desto schneller lassen sie sich bekämpfen.

***Zur Zimmerpflanzenpflege gehören neben Gießen und Düngen auch Ausputzen, Zurückschneiden, Umtopfen und Vermehren.***

**Zimmerpflanzenpflege übers Jahr**

Die Pflege der Zimmerpflanzen ist jahreszeitlich etwas verschieden. Hier ein kurzer Überblick:

▶ Frühjahr

Bei Bedarf umtopfen oder oberste Erdschicht erneuern und gleichzeitig Langzeitdünger beigeben; ggf. Pflanzen zurückschneiden, kühler gestellte Pflanzen wärmer unterbringen, ausputzen und auf Schädlinge und Krankheiten untersuchen; Stecklinge schneiden, zu groß gewordene Pflanzen teilen; bei nicht umgetopften Pflanzen mit dem Düngen beginnen; regelmäßig gießen und sprühen.

▶ Sommer

Pflanzen vor direkter Sonne schützen; Kübelpflanzen auf den Balkon stellen; neue Triebe aufbinden oder stäben; häufiger gießen und sprühen; regelmäßig düngen (wenn im Frühjahr kein Langzeitdünger verabreicht wurde); Pflanzen ab und zu abduschen.

▶ Herbst

Düngen, Gießen und Sprühen allmählich zurücknehmen; Pflanzen vor dem Überwintern ggf. zurückschneiden und ausputzen; Anzucht von Zwiebelpflanzen vorbereiten.

▶ Winter

Kühl gestellte Pflanzen nur wenig gießen; in zentralbeheizten Räumen Luftfeuchtigkeit erhöhen; auf Schädlinge achten; Zwiebelpflanzen im Januar/Februar ins Zimmer holen.

# Frühjahr – Zeit zum Umtopfen

## Kurzinformation

### Material

**neuer Topf mit 4 cm größerem Durchmesser**
**dazu passender Untersetzer oder Übertopf**
**passendes Pflanzsubstrat**
**organischer Dünger oder Langzeitdünger**
**Tonscherben oder Blähton**

### Werkzeug

**Gießkanne**
**Gartenschere oder großes Messer zum Einkürzen der Wurzeln bzw. des Wurzelballens**

### Zeitaufwand

**bei kleineren Pflanzen je Pflanze ca. 15 Minuten, bei großen Pflanzen ca. 30 Minuten**

### Zeitpunkt zum Umtopfen

**Frühjahr (März/April)**

**Austopfen**
Zum Austopfen den Topf drehen und mit der Hand Ballenoberfläche und Sprossachse abstützen. Löst sich der Ballen nicht, die Topfaußenseite rundum an einer Tischkante vorsichtig anklopfen und dann am unteren (dicksten) Sprossteil der Pflanze ziehen. In hartnäckigen Fällen den Topf zerschlagen.

**Eintopfen vorbereiten**
Wurzelballen auflockern und etwa 2–3 cm einkürzen; bei sehr großen Exemplaren rundum 2–3 cm des Ballens mit einem großen Messer abschneiden. Tontöpfe 1–2 Stunden vor dem Umtopfen in Wasser legen.

**Für gute Drainage sorgen**
Um stauende Nässe und damit mangelnde Durchlüftung des Wurzelballens zu vermeiden, 2–3 größere Tonscherben oder eine Schicht Blähton über das Abzugsloch legen.

**Im Frühjahr, zu Beginn der Wachstumszeit, müssen Pflanzen, die ihrem Topf »entwachsen« sind, in ein größeres Gefäß mit neuer Erde umgetopft werden.**

**Pflanzsubstrat und Dünger einfüllen**
Auf die Drainageschicht, die bei großen Pflanzen dicker sein muss als bei kleinen und am besten noch mit einem Vlies abgedeckt wird, kommt nun eine etwa 2–3 cm dicke Schicht Pflanzsubstrat.
Wer mit Langzeitdünger düngen will, streut nun eine halbe Hand voll Hornspäne darüber, vermischt diese mit dem Substrat und füllt noch etwa 2 cm ungedüngtes Substrat darüber, damit die Wurzeln der Pflanze nicht in direkten Kontakt mit den Düngesalzen kommen.

**Pflanze einsetzen**
Probeweise die Pflanze in den neuen Topf stellen: Der Wurzelballen sollte etwa 1–2 cm unter dem Topfrand abschließen, damit das Gießwasser später nicht gleich über den Topf läuft. Gegebenenfalls noch Substrat auffüllen oder wegnehmen. Nun den Ballen in die Mitte des Topfes stellen, so dass rundherum noch etwa 2 cm Platz bleibt. Den freien Raum gleichmäßig mit Substrat auffüllen und zwischendurch immer wieder einmal kräftig andrücken – dabei immer auf geraden Stand der Pflanze achten.

**Gießrand formen**
Frisches Pflanzsubstrat bis über den alten Wurzelballen auffüllen (dieser sollte aber nicht mehr als 1 cm überdeckt sein), dann am Wurzelhals und an den Seiten nochmals kräftig andrücken. Zum Schluss mit dem Daumen einen ca. 1 cm tiefen Gießrand formen. Falls notwendig, Rankhilfe oder Pflanzstab einsetzen und die Pflanze aufbinden. Kräftig gießen und überschüssiges Wasser ablaufen lassen.
Wenn kein Langzeitdünger zugesetzt wurde, in den folgenden 2–4 Wochen nicht düngen, da die Erde meist schon etwas vorgedüngt ist.

**QUERVERWEISE**
***Langzeitdünger einfüllen Seite 35***

**QUERVERWEISE**
***Pflanzen aufbinden Seite 44***

# Gelegentliche Pflegemaßnahmen

## Kurzinformation

### Material

**stabiler Pflanzstab aus Bambus oder Metall, Moosstab**
**Rankhilfe**
**Pflanzringe**
**Blumendraht**
**frische Blumenerde**

### Werkzeug

**Gartenschere oder Haushaltsschere**
**stabile Metallgabel oder kleine Pflanzharke**
**feuchtes Baumwolltuch**

### Zeitaufwand

**Ausputzen/Zurückschneiden:**
**15–20 Minuten**
**Aufbinden:**
**je nach Pflanzengröße 15–30 Minuten**
**Pflanze abduschen:**
**15–20 Minuten**
**Blätter abreiben:**
**30–60 Minuten**
**Erde oberflächlich austauschen:**
**ca. 20 Minuten**

**Pflanze ausputzen**
Verwelkte Blüten oder gelb bis braun verfärbte Blätter sehen zum einen unschön aus, verhindern aber auch den Neuaustrieb an dieser Stelle und können Krankheiten (Pilzbefall) auslösen. Sie sollten daher so schnell wie möglich entfernt werden.
Verwelktes lässt sich meist leicht abzupfen, besser ist es jedoch, wenn Sie Blüten und Blätter immer samt Stiel vom übrigen Sprossteil abtrennen. Trennlinie sollte der nächstliegende, noch grüne Vegetationspunkt sein, also dort, wo die Pflanze als Nächstes austreiben wird.

**Aufstäben**
Pflanzstäbe aus Bambus oder Metall, die von oben zwischen den Blattachseln die Sprossachse entlang im Webverfahren hindurch-»gefädelt« werden, verschaffen einsprossigen hoch wachsenden Pflanzen einen stabilen Halt. Stab nahe dem Wurzelhals möglichst tief in die Erde stecken, damit die Pflanze gerade und stabil steht. Dann die Sprossachse mit kunststoffbeschichteten Pflanzringen am Stab befestigen. Die Blätter sollten noch frei an den Ringen vorbei wachsen können.

**Expertentipp**
***Mehrere kräftige Einzeltriebe besser einzeln aufstäben.***

**Wenn Standort, Gieß- und Düngemenge stimmen, ist der weitere Pflegeaufwand erfreulich gering.**

**Abduschen**

Großblättrige Pflanzen und Pflanzen mit ledrigen Blättern sollten mindestens zweimal im Jahr mit zimmerwarmem Wasser abgeduscht werden, damit die Blätter vom Staub befreit werden, der sich leider auch auf Pflanzen ansammelt und mit der Zeit die Poren verstopft.

Klebrige Beläge oder Blattläuse lassen sich mit einem kräftigen Wasserstrahl entfernen. Bei dieser Prozedur sollte man aber jeweils die Hand unter das besprühte Blatt legen, damit der Wasserstrahl das Blatt nicht zerreißt.

**Erde austauschen**

Große Pflanzen und Kübelpflanzen müssen nicht mehr jedes Jahr umgetopft werden, es sei denn, der Ballen ist von einem dichten Wurzelfilz durchzogen. Zwischendurch genügt das oberflächliche Austauschen des Pflanzsubstrates:

Mit einer kurzzinkigen Gabel oder einer kleinen Pflanzharke die Oberfläche vorsichtig auflockern, das lockere Substrat zusammenkratzen und entfernen. Dann neues Substrat zugeben, etwas andrücken und gießen – schon fertig!

**Braune Blattspitzen abschneiden**

Palmen, die zu trocken gehalten werden, bekommen schnell braune Blattspitzen. Sie können die Spitzen ohne weiteres abschneiden. Nicht in das grüne Blattwerk schneiden, sondern immer ein paar Millimeter des braunen Teiles stehen lassen.

**Zurückschneiden**

Verkahlte Pflanzen und Pflanzen, die buschiger wachsen sollen, sollten beim Umtopfen im Frühjahr gleich kräftig zurückgeschnitten werden. Geschnitten wird dort, wo die Blätter oder ein neuer Sprossteil entspringen.

**Querverweise**
*Schädlinge bekämpfen Seite 48/49*

**Querverweise**
*Pflanzen umtopfen Seite 42/43*

**Querverweise**
*Palmen pflegen Seite 57*

# Krankheiten erkennen und behandeln

## Kurzinformation

### Pilzkrankheiten

**Blattfleckenkrankheit**
**Echter Mehltau**
**Grauschimmel**
**Kakteenstammfäule**
**Knollenfäule (Alpenveilchen)**
**Rost**
**Stängelfäule**
**Wurzelfäule**

### Vorbeugende Maßnahmen

**nur auf den Wurzelballen, nicht auf Blätter und Blüten gießen**
**vor allem weichblättrige Pflanzen nicht zu feucht halten**
**vor allem in kühlen Räumen kein Wasser auf den Blättern stehen lassen**
**verletzte Pflanzenteile abschneiden**
**befallene Pflanzenteile rechtzeitig entfernen**

**Grauschimmel**
Pflanzen mit weichen, dünnhäutigen Trieben und Blättern, die zu nass gehalten werden, werden oftmals von einem Pilz *(Botrytis)* befallen, der sich zunächst durch einen grauen, flaumigen Schimmelbelag der Stängel bemerkbar macht, der sich dann auch auf Blätter und Blüten ausdehnt. Entfernen Sie die kranken Pflanzenteile, stellen Sie die Pflanzen luftig und hell und verringern Sie die Gießmenge.

**Echter Mehltau**
Befallene Pflanzenteile, vor allem Blattoberseiten und Blüten, sind von einem mehlartigen Belag überzogen, der zunächst weiß ist, sich mit zunehmendem Befall jedoch bräunlich verfärbt. Stark befallene Pflanzenteile vertrocknen und sterben schließlich ab. Entfernen Sie die betroffenen Pflanzenteile so schnell wie möglich und stellen Sie die Pflanze hell, trocken und luftig auf.

**Die häufigsten Krankheiten bei Zimmerpflanzen werden durch Pilze verursacht, die vor allem geschwächte oder verletzte Pflanzen befallen.**

**Blattflecken**
Bei geschwächten Zimmerpflanzen, vor allem bei Grünpflanzen wie Drachenbaum, *Ficus*-Arten, Kroton und Russischem Wein, aber auch bei der Flamingoblume, können eine Reihe verschiedener Pilze, die sich entweder auf oder in den Blättern ansiedeln, ganz unterschiedlich große, rötliche, braune oder helle Blattflecken verursachen.
Entfernen Sie die befallenen Blätter und geben Sie der Pflanze die für sie am besten geeigneten Standort- und Pflegebedingungen.

**Stängelgrundfäule**
Stängelgrundfäule wird vor allem von *Fusarium*- oder *Phytium*-Pilzen verursacht, die die Pflanzen dort angreifen, wo der Stängel in die Wurzeln übergeht. Besonders gern werden Pflanzen mit saftreichen Stängeln (z. B. Begonien) oder Stecklinge befallen. Die Blätter und Triebe kranker Pflanzen zeigen Welkeerscheinungen und hängen schlaff nach unten, obwohl das Substrat feucht genug ist. Bei genauem Hinsehen ist der Stängelgrund braun verfärbt.
Befallene Pflanzen wegwerfen.

**Wurzelfäule**
Wurzelfäule tritt vor allem dann auf, wenn die Pflanzen über längere Zeit zu feucht und kalt gehalten wurden und/oder die Wurzeln geschwächt oder verletzt sind. Bemerkbar machen sich Wurzelschäden zunächst durch schlechtes Pflanzenwachstum, das bis zum Absterben der Pflanze führen kann.
Erkrankte Pflanze austopfen, geschädigte Wurzeln abschneiden, Wurzelballen ausspülen, Pflanze in neues Substrat einpflanzen und Wurzelballen trockener und wärmer halten.

**EXPERTENTIPP**
***Pilztötende Mittel (Fungizide) sollten nur im Extremfall eingesetzt werden.***

**EXPERTENTIPP**
***Beim Umtopfen unbedingt Wurzeln genau ansehen.***

# Schädlinge erkennen und bekämpfen

## Kurzinformation

**Mechanische Schädlingsbekämpfung**

**bei geringem Befall Schädlinge einzeln absammeln**
**Pflanze unter fließendem Wasser abspülen oder besiedelte Pflanzenteile abschneiden**
**mit Seifenlösung abwaschen oder sprühen**

**Gelbtafeln oder -sticker einsetzen**

**fliegende Schadinsekten können mit giftfreien Leimtafeln eingefangen werden**

**Einsatz von Nützlingen**

**im Handel gibt es bestimmte Nützlinge, die gegen Schädlinge eingesetzt werden können:**
**Florfliegen gegen Blattläuse,**
**Schlupfwespen gegen Weiße Fliege,**
**Raubmilben gegen Spinnmilben,**
**Australische Marienkäfer gegen Woll- und Schmierläuse**

**Blattläuse**
Blattläuse sind vorwiegend grünlich gefärbt, es gibt aber auch gelbe, bräunliche, rote oder schwarze Arten. Die Tiere befallen vor allem geschwächte Pflanzen und lieben eine warme, trockene Umgebung. Die Pflanzensaft saugenden Tierchen verursachen Wachstumsschäden, da sie sich bevorzugt an frischen Trieben aufhalten.
Bei geringem Befall lohnt die mechanische Entfernung und Sprühen mit Seifenlösung. Bei starkem Befall Spritzmittel verwenden.

**Schildläuse**
Die mit Abstand hartnäckigsten Schädlinge sind Schildläuse. Sie befallen vor allem Pflanzen mit festen Blättern, die eine glatte, wachsartige Oberfläche haben. Erkennbar sind sie als flache, hellbraune bis braune, ovale, fest sitzende Scheibchen.
Bei geringem Befall Tiere absammeln oder Blätter mit Seifenlösung abwaschen und einsprühen – auch die Blattunterseiten. Bei stärkerem Befall mit speziellem Insektizid-Spray sprühen oder Pflanzenschutzzäpfchen, die von innen wirken, einsetzen.

**EXPERTENTIPP**
***Biologische Bekämpfung mit Florfliegen.***

**EXPERTENTIPP**
***Bekämpfungsmaßnahmen im Abstand von einigen Tagen wiederholen.***

**Auch der Befall mit Schädlingen wird durch schlechte Standortbedingungen, wie zu trockene, warme Luft und ungenügende Belüftung, begünstigt.**

**Woll- oder Schmierläuse**
Was auf den ersten Blick wie kleine Wattebäusche aussieht, die an den Verzweigungen und/oder Blättern kleben, das sind meist Wollläuse. Nahe verwandt mit den Schildläusen, kann man sie mit den gleichen Methoden bekämpfen wie diese – aber statt Sprühen ist das Bepinseln der Tiere mit Seifenlauge und das anschließende Abduschen sinnvoller. Sollte der Befall mit Woll- oder Schildläusen nach 2–3 Monaten nicht zurückgehen, ist es besser, wenn Sie die Pflanze wegwerfen.

**Spinnmilben (Rote Spinne)**
Feine, von kleinen Punkten durchzogene Gespinste zwischen den Blättern, an Triebspitzen oder Verzweigungen sind untrügliche Zeichen für Spinnmilbenbefall. Der tritt vor allem dann auf, wenn Pflanzen zu trocken, zu warm und in der Zugluft stehen.
Duschen Sie die Pflanze zunächst ab, um einen Teil der Tiere schon mechanisch zu entfernen. Dann die Pflanze gut gießen, eine Plastiktüte überstülpen, den Topf luftdicht zubinden und einige Tage stehen lassen (siehe Seite 50); danach erneut abduschen und hell und luftfeucht aufstellen.

**Mottenschildläuse (Weiße Fliege)**
Mottenschildläuse treten vor allem in warmer, lufttrockener Umgebung auf und vermehren sich explosionsartig. Die erwachsenen Tiere halten sich vorwiegend an den Triebspitzen auf, ihre Larven dagegen sitzen an den Blattunterseiten und saugen Pflanzensaft. Beim Berühren der Pflanze fliegen die Tiere auf und sind unübersehbar. Erwachsene Mottenschildläuse können mit Gelbtafeln gefangen werden, die Larven dagegen sind nur schwer zu bekämpfen, am besten eignen sich Schlupfwespen.

**EXPERTENTIPP**
***Pflanzenschutzmittel kindersicher aufbewahren!***

**EXPERTENTIPP**
***Bei Spinnmilbenbefall können auch Raubmilben eingesetzt werden.***

**EXPERTENTIPP**
***Beim Einsatz von Nützlingen keine Insektizide benutzen!***

# Biologische Schädlingsbekämpfung

| Maßnahme | Beschreibung | Schädling |
|---|---|---|
|  | **Gelbtafeln einsetzen**<br>Gelbtafeln sind eingefärbte, mit Leim bestrichene Tafeln, die im Blattwerk der Pflanze befestigt oder als Sticker ins Substrat gesteckt werden. | Hilft gegen alle fliegenden Schadinsekten wie Blattläuse, Thripse, Trauermücken und die erwachsenen Tiere der Weißen Fliege. |
|  | **Mit Seifenlösung sprühen**<br>Sprühen mit Seifenlösung unterstützt das Absammeln von Schädlingen. Die Lösung besteht aus 1 Esslöffel Schmierseife, 1 Esslöffel Brennspiritus und 1 Liter warmem Wasser. Im Abstand von 3 Tagen Prozedur öfter wiederholen. | Blattläuse, Schildläuse, Woll- und Schmierläuse |
|  | **Pflanzensauna einrichten**<br>Nur für Blattpflanzen geeignet. Pflanze gießen, dann eine große, durchsichtige Plastiktüte darüber stülpen, luftdicht am Topf zubinden und einige Tage stehen lassen. Tötet die Schädlinge zwar nicht, verhindert aber ihre Vermehrung. | Spinnmilben und Thripse |
|  | **Pflanze tauchen**<br>Bei leichtem Schädlingsbefall reicht es oftmals schon aus, wenn die Pflanze mehrmals hintereinander unter lauwarmem Wasser abgeduscht oder kopfüber in einen Eimer mit lauwarmem Wasser getaucht wird. | Blattläuse, Spinnmilben, Thripse |

**Leider werden Zimmerpflanzen immer wieder einmal von Schädlingen befallen. Jetzt gleich die chemische Keule einzusetzen wäre allerdings falsch.**

| Maßnahme | Beschreibung | Schädling |
|---|---|---|
|  | **Nützlinge einsetzen**<br>Nützlinge, z. B. Australischer Marienkäfer (siehe Bild), Florfliegen oder Raubmilben sind die natürlichen Feinde der Schadinsekten. Sie fressen sie auf oder parasitieren in ihnen. | Blattläuse, Spinnmilben, Thripse, Woll- und Schmierläuse |
|  | **Pflanzen stärken**<br>Damit Schädlinge gar keine Chance haben, sollten die Pflanzen ausreichend gestärkt sein. Hier hilft es z.B. dem Gießwasser ab und zu eine Aspirin zuzufügen oder mit Eierwasser (Eierschalen einige Tage in Wasser liegen lassen) zu gießen. | Blattläuse, Schildläuse, Woll- und Schmierläuse, Thripse, Trauermücken, Spinnmilben |
|  | **Zwiebel-Knoblauch-Auszug**<br>Zur Abwehr hilft ein Zwiebel-Knoblauch-Auszug:<br>Zwiebeln und Knoblauch zerkleinern, mit Wasser bedecken und mehrere Stunden ziehen lassen. Lösung abseihen und Pflanzen 2–3 Mal pro Woche besprühen. | Blattläuse, Spinnmilben, Thripse |
|  | **Mechanische Bekämpfung**<br>Bei geringem Schädlingsbefall, der durch ständige Kontrolle (Lupe) rechtzeitig erkannt werden kann, hilft oft schon mechanisches Absammeln mit den Fingern oder Abbürsten mit einer Zahnbürste oder Wattestäbchen. | Blattläuse, Schildläuse, Thripse, Woll- und Schmierläuse |

# Besondere Pflege

**Wer sich an Zimmerpflanzen erfreuen will, der möchte auch sehen, wie sie von Jahr zu Jahr wachsen, und sie auch selbst vermehren.**

Zimmerpflanzen sterben zwar nicht gleich, wenn Licht, Bewässerung, Ernährung und Temperatur nur so in etwa ihren Bedürfnissen entsprechen – von gutem Gedeihen und prächtigem Wuchs kann aber keine Rede sein.

**Üppiges Wachstum, herrliche Blüten**

Zimmerpflanzen wachsen und gedeihen nur gut und blühen herrlich, wenn man nicht nur ihre Grundbedürfnisse befriedigt, sondern auch auf spezielle Wünsche eingeht:

▶ Wie ist das mit der Luftfeuchtigkeit? Mag es die Pflanze lieber trocken oder ist sie eher für regelmäßiges Sprühen?

▶ Welche Pflanzen genießen den »Sommerurlaub« im Freien?

▶ Welche Pflanzen brauchen eine Ruhezeit?

▶ Was gibt es im Winterhalbjahr Besonderes zu berücksichtigen?

**Pflanzenpflege beginnt beim Kauf**

Wie sich eine Pflanze entwickelt, lässt sich schon beim Kauf beeinflussen:

▶ Kaufen Sie Ihre Pflanzen im Fachhandel und lassen Sie sich vom Fachpersonal beraten, wenn Sie sich noch unsicher sind.

▶ Kaufen Sie die Pflanzen – außer saisonalen oder kurzlebigen Blütenpflanzen – möglichst im Frühjahr oder Sommer, dann ist die Umstellung vom Fachhandel zum Wohnraum nicht ganz so krass, da die Wohnräume nicht mehr so stark beheizt werden und lufttrocken sind. Ganz abgesehen davon, dass im Winter die Pflanzen für den Transport besonders warm eingepackt werden müssen, damit sie nicht schon auf dem Heimweg erfrieren oder Schäden davontragen.

▶ Sehen Sie sich die Pflanze genau an: Sind die Blätter gut ausgefärbt? Ist Neuaustrieb zu erkennen? Schauen Sie unter die Blätter, ob sich Schädlinge angesiedelt haben.

▶ Wählen Sie bei Blütenpflanzen Exemplare aus, die noch nicht voll erblüht sind, sondern viele frische Knospen angesetzt haben.

▶ Achten Sie auch darauf, dass der Wurzelballen nicht ausgetrocknet ist und dass sich weder Moos noch Algen abgesetzt haben.

***Hibiskus ist in den verschiedensten Farben, als normal buschige Pflanze oder als Hochstämmchen, im Handel.***

# Noch mehr Freude an Zimmerpflanzen

Wer Gefallen an Zimmerpflanzen gefunden hat, der möchte sicherlich nicht nur kurzlebige Blütenpflanzen in seiner Wohnung aufstellen. Er wird sich auch mit Pflanzen umgeben, die über viele Jahre an ein und demselben Platz stehen und diesen durch gutes Wachstum immer mehr ausfüllen. Er wird Blütenpflanzen jedes Jahr erneut zum Blühen bringen und auch ausgefallenere Arten sein Eigen nennen wollen, obwohl deren Pflege oft aufwändig ist.
Last but not least wird er seinen Bestand nach und nach vergrößern wollen, sei es durch Zukauf neuer Pflanzen, sei es durch die Vermehrung bereits vorhandener Exemplare.

### Alles Individualisten!

Wie vielfältig die speziellen Wünsche einzelner Zimmerpflanzengruppen, ja selbst einzelner Arten sein können, belegen zahlreiche Beispiele:

▶ Pfleglinge wie Maranten oder Buntwurz *(Caladium-Bicolor*-Hybriden) verlangen geradezu nach hoher Luftfeuchte und Wärme.
▶ Alpenveilchen *(Cyclamen persicum)* oder Azalee *(Rhododendron-Simsii*-Hybriden) blühen länger, wenn sie hell, aber kühl stehen.
▶ Ein Knospen ansetzender Weihnachtskaktus *(Schlumbergera*-Hybriden) darf nicht mehr umgestellt werden, da er sonst die Blüten abwirft.
▶ Die Kranzschlinge *(Stephanotis floribunda)* bildet nur nach entsprechender Winterruhe Blütenknospen aus.
▶ Die Passionsblume *(Passiflora)* setzt nach einem Rückschnitt besser und mehr Blüten an.

Diese Aufzählung könnte noch sehr lange fortgesetzt werden. Wer jedoch täglich ein Auge auf seine Pflanzen wirft und sich mit ihren Bedürfnissen auseinander setzt, dem wird wohl bald ein »grüner Daumen« wachsen.

### Sommerurlaub und Winterruhe

Sehr viele Zimmerpflanzen, z. B. Agaven, Oleander, sehr viele Zitrusgewächse oder Palmen, gedeihen sehr viel besser, wenn sie im Sommer ins Freie gestellt werden (siehe Seite 58/59). Und viele Pflanzen benötigen eine Ruhezeit (siehe Seite 60/61), in der sie kühler aufgestellt, nur noch wenig gegossen und nicht mehr gedüngt werden sollten. Bei den meisten Zimmerpflanzen fällt diese Ruhezeit in den Winter, manche, z. B. die Winterblüher, legen die Wachstumspause aber auch im Sommer ein.

**Blätter von Staub befreien**
Bei Pflanzen mit haarigen Blättern lässt sich der Staub einfach mit einem Pinsel entfernen.

### Pflanzen pflegen mit System

Wer sich die Zimmerpflanzenpflege etwas einfacher machen möchte, vor allem was regelmäßiges Gießen und Düngen anbelangt, der sollte sich – als Alternative zur Erdkultur – Pflanzen in Hydrokultur zulegen (siehe Seite 62/63). Allerdings ist die Auswahl an Pflanzen, die sich optimal für Hydrokultur eignen, etwas eingeschränkt, so gedeihen z.B. sehr viele Blütenpflanzen nicht oder nur schlecht ohne Erde. Zudem sind in Hydrokultur gehaltene Zimmerpflanzen meist etwas teurer in der Anschaffung – für Vielbeschäftigte allerdings, die sich trotzdem mit lebendigem Grün umgeben wollen, ist Hydrokultur das Mittel der Wahl.

### Zimmerpflanzen – mehr davon!

Ganz besonders spannend ist es, von seinen eigenen Zimmerpflanzen selber Nachwuchs zu ziehen. So kommt man nicht nur zu noch mehr Zimmerpflanzen, sondern man wird ganz bestimmt an den Pflanzen besonders hängen, die man selber gezogen hat.
Zimmerpflanzen können auf die ver-

***Sehr viele Zimmerpflanzen lassen sich einfach durch Stecklinge, Ableger oder Teilung vermehren.***

schiedenste Art und Weise vermehrt werden:

- durch Aussaat,
- durch Teilen großer Pflanzen,
- durch Abnehmen von Ablegern wie Tochterpflanzen, Ausläufer, Kindel, Brutzwiebeln oder Absenker,
- durch Stecklinge.

**Vermehrung im Anzuchtkasten**

Wenn Ihnen die Vermehrung Ihrer Pflanzen so viel Spaß macht, dass Sie es häufiger probieren möchten, ist es sinnvoll, sich einen speziellen Anzucht- oder Vermehrungskasten im Fachhandel zu besorgen. Dieses Mini-Gewächshaus gibt es in den verschiedensten Preislagen und Ausführungen, Sie können sich einen Anzuchtkasten aber auch selbst bauen. Wichtig sind:

- ein temperierbarer Boden (mindestens 18 °C), damit Stecklinge schneller bewurzeln;
- eine durchsichtige Abdeckung als Verdunstungsschutz, damit im Kasten die richtige Luftfeuchtigkeit herrscht.

Beim Vermehren in einem solchen Kasten darauf achten, dass

- immer wieder gelüftet wird, damit keine stauende, feuchte Luft entsteht, die zu Fäulnis führen kann;
- das Pflanzsubstrat nicht zu feucht ist, damit die neuen Würzelchen nicht abfaulen – Substrat nicht gießen, sondern leicht einsprühen.

**QUERVERWEISE**
***Zubehör zur Pflege***
***Seite 68/69***

# Pflege besonderer Pflanzen

## Kurzinformation

### Spezielle Substratansprüche

**Azaleen:**
**kalkfreies, saures Substrat (Azaleen- oder Rhododendronerde)**

**Blattkakteen:**
**nährstoffreiches, luft- und wasserdurchlässiges Substrat (Kakteenerde)**

**Farne:**
**nicht zu nährstoffreiches, gut wasserdurchlässiges Substrat (Einheitserde Typ P oder ED 73, Torfkultursubstrat TKS, Rindenkultursubstrat RKS)**

**Kakteen aus Wüsten- und Felsregionen:**
**gut wasser- und luftdurchlässiges Substrat, spezielle Kakteenerde muss noch mit Sand oder Bimskies versetzt werden**

**Orchideen:**
**luft- und wasserdurchlässiges, nährstoffreiches, grobes Substrat (Orchideenerde)**

**Stachelige Schönheiten**
Kakteen wollen im Frühjahr und Sommer am liebsten sonnig, warm und luftig stehen. Ab Oktober bevorzugen sie einen hellen, aber kühlen (6–12 °C) und luftigen Standort. Als Substrat spezielle Kakteenerde verwenden oder Einheitserde mit Sand oder Styromull im Verhältnis 2:1 mischen. Im Frühjahr und Sommer alle 4 Wochen dem Gießwasser Kakteendünger zugeben und ab und zu kräftig wässern oder tauchen, im Winter nicht gießen.

**Azaleen**
Azaleen zur Blütezeit kühl (um 18 °C), hell und luftig stellen. Wurzelballen stets feucht halten (wöchentliches Tauchbad), nur kalkfreies Wasser verwenden. Einmal die Woche mit Azaleen- oder Rhododendron-Dünger düngen. Verwelkte Blüten regelmäßig entfernen. Nach der Blüte bis zum Herbst an halbschattigen Platz auf den Balkon stellen; im Herbst/Winter sehr kühl (5–12 °C), hell und luftig halten. Alle 2–3 Jahre in Rhododendron-Erde umtopfen.

**Zu den Pflanzen, die zwar außergewöhnlich schön sind, aber auch ganz spezielle Ansprüche haben, gehören Azaleen, Farne, Kakteen, Orchideen und Palmen.**

### Orchideen

Die Standortansprüche der Orchideen variieren von Gattung zu Gattung, allen gemeinsam ist jedoch, dass die Temperatur nachts niedriger sein muss als tagsüber und dass das Substrat sehr gut durchlässig und locker ist (am besten Orchideenerde verwenden). Nur gießen, wenn das Substrat trocken ist, häufig sprühen und kalkfreies, zimmerwarmes Wasser verwenden. Nur während der Wachstumszeit dem Gießwasser speziellen Orchideendünger zugeben. Umtopfen, wenn das Substrat zersetzt oder der Topf zugewachsen ist.
Ruhezeiten der Pflanzen beachten!

### Palmen

Auch Palmen haben ganz unterschiedliche Standortansprüche (beim Kauf erfragen). Wenn der Ballen trocken ist, mit kalkfreiem, temperiertem Wasser gießen. Eher weniger als zu viel gießen. Weichblättrige Arten häufiger sprühen. Zur Wachstumszeit alle 2 Wochen düngen. Nur umtopfen, wenn die Erde völlig durchwurzelt ist, dafür Erdoberfläche öfters erneuern. Als Substrat Einheitserde verwenden, bei älteren/größeren Pflanzen wenn möglich etwas Lehm beimischen.

### Zitruspflanzen

Zitruspflanzen wollen im Frühjahr und Sommer hell bis sonnig, warm und luftig stehen, am besten im Freien. Ballen nicht austrocknen lassen (aber Staunässe vermeiden), häufig sprühen, weiches Wasser verwenden; wöchentlich düngen. Sehr hell und sehr kühl (4–8 °C) überwintern, jetzt sparsamer gießen und nicht düngen. Im Frühjahr zurückschneiden und umtopfen, wenn der Wurzelballen völlig durchwurzelt ist, ansonsten oberflächlich Erde austauschen.

**QUERVERWEISE**

***Orchideen Seite 102/103***

**EXPERTENTIPP**

***Junge Palmen besitzen sehr empfindliche Wurzeln!***

**EXPERTENTIPP**

***Mit Lehm vermischte Einheitserde (2:1) verwenden.***

# Urlaub auf dem Balkon

## Kurzinformation

**In den Schatten gehören**

**Alpenveilchen, Efeu, Kolbenfaden, Schusterpalme**

**Halbschatten vertragen**

**Azaleen, Birkenfeige, Bromelien, Drachenbaum, Efeutute, Grünlilie, Henne mit Küken, Tradeskantie, Zimmeraralie**

**Sonne mögen**

**Agave, Aloë, Banane, Geldbaum, Hibiskus, Kakteen, Yucca, Zierpfeffer, Zypergras**

**Keinesfalls ins Freie sollen**

**Alokasie, Buntwurz, Einblatt, Flamingoblume, Kroton, Marante**

**Sommerfrische auf dem Balkon**
Viele Grünpflanzen, z.B. Birkenfeige, Drachenbaum, Grünlilie, Judenbart und Zimmeraralie und alle mediterranen Kübelpflanzen, genießen den Urlaub im Freien, vor allem wenn sie schon einen stattlichen Wuchs und viel Blattmasse haben. Die meisten von ihnen benötigen allerdings einen halbschattigen, vor starkem Wind und prasselndem Regen geschützten Platz – wobei leichte Sommerregen der Pflanze eher gut tun. Großblättrige, hohe Pflanzen unbedingt anbinden, damit sie bei stärkerem Wind nicht umfallen. Bei Ampelpflanzen darauf achten, dass sie nicht austrocknen, aber auch nach einem Regenschauer nicht zu feucht stehen. Pflanzen mit viel Blattmasse verbrauchen meist sehr viel Wasser. Häufiges Gießen, am besten in den Abendstunden, wenn die Sonne nicht mehr scheint, ist also angesagt.
Eine andere Methode, ausreichend und trotzdem nicht zu viel zu gießen, ist die Wasserversorgung über den Untersetzer. Füllen Sie diesen randvoll mit Wasser – an heißen Tagen sogar mehrmals am Tag. Wasser, das nach einer halben Stunde nicht aufgenommen wurde, abgießen, damit keine stauende Nässe entsteht.

**EXPERTENTIPP**
***Im Freien stehende Pflanzen nach Regen auf Staunässe kontrollieren.***

**Viele Zimmerpflanzen gedeihen das Jahr über besser, wenn sie den Sommer wind- und regengeschützt im Freien verbringen können.**

**Azaleen im Doppeltopf**
An einem kühleren Standort sind blühende Azaleen in den Wintermonaten über Wochen eine Augenweide. Im Sommer sollten die Pflanzen am besten ins Freie an einen halbschattigen Ort gestellt werden, sie dürfen jedoch nie austrocknen. Dazu stellt man sie in einen zweiten Topf, in dem – anders als bei anderen Pflanzen – ruhig 1 cm hoch Wasser stehen bleiben darf. Wenn Sie einen Garten haben, können die Azaleen auch ins Beet eingegraben werden.

**Pflanzen auf dem sonnigen Balkon**
Zimmerpflanzen, die gern volles Sonnenlicht mögen, können im Sommer im Freien richtig auftanken. Das gilt vor allen Dingen für mediterrane Kübelpflanzen wie Bougainvillee oder Zitrusgewächse.
Achtung: An einem sonnigen Standort trocknet der Wurzelballen schnell aus, vor allem, wenn auch noch ein Wind geht. Manche Pflanzen müssen jetzt sogar zweimal täglich gegossen werden, damit sie die ihnen zustehende Feuchtigkeit bekommen.

**Palmen auf der Terrasse**
Wer es möglich machen kann, sollte seine Palmen und Yuccas im Sommer ins Freie stellen. Die Pflanzen haben jedoch ganz unterschiedliche Standortansprüche:
Kokospalme *(Cocos nucifera)*, Palmfarn *(Cycas revoluta)* und Zwergpalme *(Chamaerops humilis)* und Yucca mögen es vollsonnig;
Bergpalme *(Chamaedorea elegans)*, Fischschwanzpalme *(Caryota mitis)* und Kentiapalme *(Howeia)* sollten im Halbschatten stehen.
Achten Sie auch bei Palmen darauf, dass der Wind nicht die Wedel zerreißen kann und die Pflanzen einen festen Stand haben.

**QUERVERWEISE**
***Azaleen pflegen Seite 56, 91***

**EXPERTENTIPP**
***Zimmerpflanzen langsam an die Sonne im Freien gewöhnen!***

**EXPERTENTIPP**
***Palmen nicht vor Mitte Mai ins Freie stellen.***

# Winterliche Ruhezeit

## Kurzinformation

### Was alles zu tun ist

**Zurückschneiden:**
**vor der Winterruhe sparrige oder zu groß gewordene Pflanzen zurückschneiden**

**Ausputzen:**
**vor dem Einräumen Pflanzen ausputzen, vertrocknete Pflanzenteile entfernen**

**Lüften:**
**an milden Tagen mit Temperaturen über dem Gefrierpunkt zwischenzeitlich kurz lüften, um die stickige Luft auszuwechseln**

**Auf Schädlinge kontrollieren:**
**ab Januar können bereits wieder Schädlinge auftreten achten Sie besonders auf den Befall mit Schild- und Blattläusen**

**Einräumen mit Rollwagen**
Um sich die Arbeit beim Einräumen der Pflanzen zu erleichtern, ist es besonders bei schon großen Pflanzen hilfreich, sie mit einem Rollwagen zu transportieren. Zum Anheben größerer Töpfe und zum Transport durch zwei Personen gibt es auch spezielle Tragegurte. Bei stacheligen Pflanzen, z.B. Agaven, sollten die scharfen Spitzen unbedingt vor dem Umräumen »gesichert« werden – am besten Stryoporstückchen auf die gefährlichen Enden stecken.

**Hell und kühl überwintern**
Zu den Pflanzen, die im Winter kühler stehen wollen, gehören z. B. Bougainvillee *(Bougainvillea glabra)*, Klivie, Echte Feige *(Ficus carica)*, Zimmerlinde *(Sparmannia africana)*, Zwergpalme *(Chamaerops humilis)* und zahlreiche Kakteen – sie alle wollen es kühler bei etwa 10 °C, aber dennoch hell. In vielen Häusern ist das ein Zimmer mit Nordfenster, oftmals aber auch ein helles Treppenhaus, das wegen seiner Höhe auch größere Pflanzen aufnehmen kann.

**Viele Zimmerpflanzen benötigen eine winterliche Ruhezeit, um ihre Kräfte für die folgende Wachstumszeit zu schonen.**

### Im Keller überwintern

Manche Pflanzen können auch in Kellerräumen überwintert werden. Allerdings muss sichergestellt sein, dass der Überwinterungsraum luftig und frostfrei ist. Daher sollte auf jeden Fall ein Frostwächter im Raum untergebracht sein, der dafür sorgt, dass die Temperatur nicht unter 0 °C sinkt. Pflanzen, die ihr Laub im Winter verlieren, z.B. Kübelpflanzen wie Schönmalve *(Abutilon)* oder Fuchsien können auch relativ dunkel stehen, z.B. in Kellern, die nur mit Lichtschächten versehen sind.

### Pflanzen im Gewächshaus

In einem Gewächshaus oder einem winterkühlen Wintergarten sind Pflanzen, die eine helle und kühle Wachstumspause im Winter benötigen, am besten aufgehoben. Die Räumlichkeiten sind in der Regel so groß, dass auch mehrere große und ausladende Kübelpflanzen darin ausreichend Platz haben. In einem winterkühlen Wintergarten können mediterrane Pflanzen sogar das ganze Jahr über untergebracht werden. Hier ist es vom Frühjahr bis zum Herbst sonnig und warm, im Winter hell und kühl.

### Pflanzen im Wintergarten

Am besten sind Zimmerpflanzen, die bei uns in den Wintermonaten eine kühlere Ruhezeit durchmachen müssen, z.B. Bougainvillee, Dattelpalme, Echte Feige, Hanfpalme, Oleander, Schönmalve oder Zwergpalme, in einem unbeheizten, winterkühlen Wintergarten untergebracht. Hier haben die meist recht großen und ausladenden Pflanzen ausreichend Platz, genügend Helligkeit und die richtige Raumtemperatur.

**EXPERTENTIPP**

***Pflanzen in Kellerräumen immer wieder einmal »besichtigen«.***

**EXPERTENTIPP**

***Stehende Luft vermeiden, an wärmeren Wintertagen kurz lüften.***

# Hydrokultur – Pflanzen pflegen mit System

## Kurzinformation

### Material

**Kulturtöpfe**
**Wasserstandsanzeiger**
**Tongranulat**
**wasserdichtes Hydrokulturgefäß**
**Nährstoffbatterie**

### Zeitaufwand

**je Pflanze ca. 45 Minuten**

### Zeitpunkt zum Umstellen

**während der Wachstumszeit von Frühjahr bis Sommer, jedoch nicht bei Pflanzen, die Blütenknospen angesetzt haben**

**Vorteile der Hydrokultur**

Hydrokultur ist ein Pflanzenpflegesystem, bei dem das Pflanzsubstrat durch ein Tongranulat, den so genannten Blähton, ersetzt wird. Blähton ist ein reines Tonprodukt, das durch ein spezielles Brennverfahren zu aufgeblähten, porösen Kügelchen wird. Weil es chemisch neutral ist und für hervorragende Belüftung und Wasserführung im Wurzelbereich der Pflanzen sorgt, können praktisch alle Pflanzen in diesem Spezialsubstrat gedeihen. Da die Pflanzen in Hydrokultur einen größeren Wasser- und Nährstoffvorrat zur Verfügung haben, sind ideale Bedingungen für ein gleichmäßiges Wachstum gegeben. Auch Anfänger in der Zimmerpflanzenpflege können kaum etwas falsch machen, denn am Wasserstandsanzeiger lässt sich einfach ablesen, wann wieder Wasser aufgefüllt werden muss und wann es Zeit ist, neuen Dünger nachzufüllen. Hydrokultur eignet sich vor allem dort, wo keine geregelte Pflege möglich ist, z.B. bei Leuten, die viel unterwegs sind, die unregelmäßig zu Hause sind, oder für Büroräume, die übers Wochenende nicht besetzt sind.

**Querverweise**
***Pflegeleichter mit Hydrokultur Seite 106/107***

**Expertentipp**
***Nicht alle Zimmerpflanzen eignen sich für Hydrokultur.***

## Mit Hydrokultur ist ständiges Gießen und Düngen passé – ideal für Vielbeschäftigte, die nicht auf erfrischendes Grün verzichten wollen.

**Umstellen von Erd- auf Hydrokultur**
Vor allem kleinere in Erde gehaltene Pflanzen lassen sich relativ leicht auf Hydrokultur umstellen. Dazu wird die Erdpflanze ausgetopft und der Wurzelballen unter lauwarmem Wasser vorsichtig von allen anhaftenden Erdteilchen befreit. Das muss sehr sorgfältig geschehen, weil Erdreste später in der Hydrokultur zu Fäulnis der Wurzeln führen könnten. Anschließend die Pflanze noch etwas in lauwarmem Wasser stehen lassen, beschädigte oder faule Wurzelteile abschneiden und Wurzeln allgemein etwas kürzen.

**Pflanze in Tongranulat setzen**
Hydrokulturtopf zu einem Drittel mit feuchtem Blähton füllen und dann den ausgespülten Wurzelballen hineinhalten. Die Pflanze sollte so hoch sitzen wie in ihrem alten Topf. Ist der Wurzelballen in der richtigen Höhe platziert, dann füllen Sie bis zum Topfrand Blähton um den Wurzelballen herum ein. Stoßen Sie den Topf noch einmal kurz auf, damit sich das Tongranulat etwas verdichtet und nachgefüllt werden kann. Die Pflanze am besten 4 Wochen unter einer Folientüte halten, denn bei erhöhter Luftfeuchtigkeit und Wärme wächst sie besser an.

**Nährstoffversorgung**
Zur Nährstoffversorgung gibt es auch bei der Hydrokultur verschiedene Methoden. Am einfachsten geht es wohl mit einer Nährstoffbatterie für Hydrokultur-Langzeitdünger, in der sich kleine, wasserunlösliche, mit Nährstoff gefüllte Kunstharzkügelchen (z.B. Lewatit HD 5) befinden. Die Batterie wird einfach in die passende Aussparung unter dem Kulturtopf eingedrückt. Sie muss alle 4–6 Monate erneuert werden.

**EXPERTENTIPP**
***Am besten auch gleich die Triebe etwas einkürzen.***

**EXPERTENTIPP**
***Die Größe des Kulturtopfes richtet sich nach dem wasserdichten Übertopf.***

**QUERVERWEISE**
***Nährstoffbatterie austauschen Seite 35***

# Pflanzen vermehren durch Stecklinge

## Kurzinformation

**Blattsteckling**

**Steckling, der aus einem ganzen Blatt (z.B. Begonien, Umsambaraveilchen, Zwergpfeffer) oder einem Blattteil (z.B. Drehfrucht, Sansevierie) besteht**

**Kopf- oder Triebsteckling**

**Steckling, der aus einer ca. 8–10 cm langen Triebspitze besteht; lässt sich bei sehr vielen krautigen Pflanzen anwenden, z.B. Baumfreund, Efeutute, Hibiskus, Passionsblume, Wüstenrose, Zimmerlinde**

**Stammsteckling**

**Bei Pflanzen mit fleischigen Sprossachsen kann auch der Stamm als Steckling verwendet werden, z.B. Dieffenbachie, Drachenbaum, Philodendron, Yucca**

**Vermehren durch Blattstecklinge**
Usambaraveilchen lassen sich leicht durch Blattstecklinge vermehren. Aus dem Zentrum der Pflanze mit einem scharfen Messer gesunde und kräftige Blätter mit Stiel schneiden. Die Blattstecklinge mit den Stielen vorsichtig in feuchtes Anzuchtsubstrat stecken, und zwar so, dass das Blatt das Substrat nicht berührt. Nach ca. 6–8 Wochen bilden sich an der Blattbasis kleine Pflänzchen.

**Vermehren durch Blattschnittlinge**
Suchen Sie sich ein gesundes Sansevierien-Blatt aus, schneiden Sie es ab und zerteilen Sie das Blatt quer in 5–8 cm lange Teilstücke. Blattstücke antrocknen lassen und dann ca. 2 cm tief in Wuchsrichtung in Anzuchterde stecken. Anzuchtgefäß so mit Plastikfolie abdecken, dass die Stecklinge nicht berührt werden, und bei einer Bodenwärme von ca. 22 °C aufstellen. Nach ca. 6 Wochen sind die ersten Jungpflanzen zu sehen.

**Sehr viele Zimmerpflanzen lassen sich relativ leicht durch Stecklinge vermehren. Versuchen Sie es doch einfach einmal.**

**Kopfstecklinge bewurzeln lassen**
Bei sehr vielen Zimmerpflanzen, z.B. Grünlilie, Kolumnee, Tradeskantie oder Zebrakraut, bewurzeln sich Kopf- oder Triebstecklinge schon ganz einfach in Wasser. Der Steckling muss nur hell und warm stehen. Nehmen Sie den Steckling möglichst von einjährigen, blütenlosen Trieben ab, entfernen Sie die untersten Blätter und stellen Sie den Steckling in ein Glas mit zimmerwarmem Wasser. Je nach Pflanzenart dauert es etwa 4–6 Wochen, bis der Steckling Wurzeln gebildet hat und in Hydrokultur oder Erde eingetopft werden kann.

**Schirmbewurzelung bei Zypergras**
Das Zypergras bewurzelt in Wasser recht schnell. An seinem Naturstandort, in Uferzonen von Gewässern, tauchen die abgeknickten Blattquirle über Kopf in das Wasser, um dort Wurzeln und damit neue, eigenständige Pflanzen zu entwickeln. Das lässt sich im Wasserglas leicht nachmachen. Dazu trennt man die Blattquirle bis auf einen kurzen Stumpf vom Stiel, kürzt die Blätter um die Hälfte und stellt sie – mit dem Blattschopf nach unten – in ein Glas Wasser.

**Vermehren durch Stammstecklinge**
Drachenbaum, Yucca oder Dieffenbachie schießen sehr leicht in die Höhe. Hier lohnt die Vermehrung und Verjüngung durch Stammstecklinge. Schneiden Sie z.B. bei der Yucca zunächst den Blattschopf ab und pflanzen Sie ihn zum Wurzelntreiben ein. Der Stamm wird nun in ca. 10–15 cm lange Stücke geschnitten, wobei jedes Teilstück mindestens 4 Augen haben sollte. Lassen Sie die Schnittstellen antrocknen und stecken Sie die Stücke senkrecht in Wuchsrichtung in Anzuchtsubstrat. Stülpen Sie eine Klarsichtfolie über und stellen Sie den Steckling an einen warmen, hellen Platz.

**EXPERTENTIPP**
***Stecklinge bewurzeln leichter in der hellen, warmen Jahreszeit.***

**QUERVERWEISE**
***Zubehör zur Zimmerpflanzenpflege Seite 68/69***

**EXPERTENTIPP**
***Stammstecklinge von Dieffenbachie waagerecht auf das Substrat legen.***

# Vermehren durch Ableger oder Teilen

## Kurzinformation

**Ableger (Absenker, Ausläufer)**

**Vermehrungsmöglichkeit für Pflanzen mit langen, biegsamen Trieben, die bewurzelt werden können, z.B. Efeu, Grünlilie, Henne mit Küken, Judenbart**

**Kindel (Schösslinge)**

**Kindel sind Jungpflanzen, die sich an der Mutterpflanze bilden, z.B. bei Aloë oder Klivie**

**Tochterpflanzen**

**einige Zimmerpflanzen, z.B. das Brutblatt, bilden an den Rändern ihrer Blätter kleine, bereits bewurzelte Tochterpflanzen aus, die sofort eingepflanzt werden können**

**Vermehren durch Teilen**

**staudige Pflanzen (z.B. Einblatt, Flamingoblume, Schusterpalme, Zierspargel) und Pflanzen, die Ableger produzieren (z.B. Klivie, Agave) lassen sich leicht durch Teilung vermehren**

**Vermehren durch Absenker**
Um Neupflanzen mit Hilfe von Absenkern zu erhalten, leitet man die Triebe leicht zu bewurzelnder Pflanzen, z.B. von Efeu *(Hedera helix)* oder Kletterficus *(Ficus pumila)* in einen Topf mit feuchter Anzuchterde und befestigt sie mit einem u-förmig gebogenen Stück Draht auf dem Substrat. Sobald der Absenker Wurzeln getrieben hat, beginnt er auch mit der Bildung neuer Blätter. Jetzt kann er von der Mutterpflanze abgeschnitten werden.

**Vermehren durch Ausläufer**
Einige Pflanzen, etwa die Grünlilie *(Chlorophytum comosum)* oder Henne mit Küken *(Tolmiea menziesii)*, bilden Ableger an langen Trieben. Diese können wie Stecklinge in Wasser oder Erde bewurzelt werden.
Eine elegantere Lösung aber ist es, solche Ableger in einen Topf mit Blumenerde zu stecken, der neben die Mutterpflanze gestellt wird. Wenn die junge Pflanze angewachsen ist, wird der verbindende Trieb zur Mutterpflanze durchtrennt.

**Expertentipp**
***Haarnadeln eignen sich bestens zum Befestigen der Absenker im Topf.***

**Zimmerpflanzen lassen sich nicht nur durch Stecklinge vermehren, auch das Bewurzeln von Ablegern und das Teilen von Pflanzen führen zu Nachwuchs.**

### Kindel abtrennen

Bei Aloë, Bromelien oder Sansevierie und manch anderen Zimmerpflanzen entwickeln sich aus Seitensprossen direkt neben der Mutterpflanze eine bis mehrere kleine Jungpflanzen mit eigenem Wurzelsystem.
Topfen Sie die Pflanze aus und trennen Sie mit einem scharfen Messer direkt neben der Mutterpflanze die Kindel ab. Stecken Sie die Kindel einzeln in Töpfe mit feuchter Anzuchterde.

### Tochterpflanzen einsetzen

Beim Brutblatt *(Kalanchoë daigremontiana)* wachsen zwischen den Zähnchen am Blattrand zahlreiche kleine Tochterpflanzen, die bereits Luftwurzeln ausbilden und nur darauf warten, auf geeignetes Substrat zu kommen und anzuwachsen. Ist das Pflanzgefäß, in dem die Mutterpflanze sitzt, ausreichend groß, dann wurzeln die mit zunehmendem Alter abfallenden Tochterpflanzen sofort neben der Mutterpflanze an – besser ist es jedoch, die kleinen Pflänzchen abzunehmen und gesondert in Schalen einzutopfen.

### Pflanzen teilen

Buschige Pflanzen mit mehreren Bodentrieben lassen sich am einfachsten durch Teilung des Wurzelstockes vermehren. Das geschieht am besten im Frühjahr beim Umtopfen. Nehmen Sie die Pflanze aus dem Topf und ziehen Sie den Wurzelballen auseinander. Bei größeren Pflanzen mit kräftigerem Wurzelstock muss man den Ballen mit einem scharfen Messer vorsichtig auseinander schneiden. Jedes Teilstück wird dann in einen eigenen Topf mit frischem Substrat gepflanzt.

**EXPERTENTIPP**

***Desinfizieren Sie das Messer vor jedem neuen Schnitt.***

**EXPERTENTIPP**

***Beschädigte Wurzeln sofort entfernen, da sie sonst Krankheiten anziehen.***

# Wichtiges Zubehör zur Zimmerpflanzenpflege

| Arbeitsgerät | Das brauchen Sie | Verwendung und Tipps |
|---|---|---|
|  | **Reb- oder Gartenschere, Messer**<br>Besorgen Sie sich eine leichtgängige, handliche und gut bedienbare Reb- oder Gartenschere, am besten mit beweglichem Griff. Ein scharfes Messer wird bei der Pflege immer wieder von Nutzen sein. | Für den Rückschnitt kräftiger Triebe, aber auch zum Zurechtschneiden stützender Bambusstäbe.<br>Schere nach dem Gebrauch gut säubern und immer wieder einmal einölen. |
|  | **Pflanzstäbe/Bindematerial**<br>Pflanzstäbe in verschiedenen Dicken und Längen sollten stets in ausreichender Zahl vorhanden sein. Dazu gehört natürlich auch das passende Bindematerial (Bast oder kunststoffummantelter Draht). | Zum Anbinden und Stützen langer Triebe.<br>Pflanzstäbe aus Holz faulen leicht, Bambusstäbe sind besser geeignet. |
|  | **Pflanzringe**<br>Zum Auf- und Anbinden und in Form bringen sind verschiedene Pflanzgitter und Pflanzringe in unterschiedlichen Weiten sehr nützlich. | Pflanzringe eignen sich sehr gut, um Pflanzen am stützenden Stab zu halten, ohne dass man sie zu fest daran schnüren muss. |
|  | **Pflanzgitter, Pflanzbögen**<br>Pflanzgitter und Pflanzbögen sind in unterschiedlichen Größen, Stärken und Dicken im Handel, so dass für jeden Geschmack und jede Pflanzengröße etwas dabei ist. | Kletternde und rankende Pflanzen benötigen auf jeden Fall eine Rank- oder Kletterhilfe – spezielle Bögen oder andere Rankformen eignen sich für ganz persönliche Gestaltungsmaßnahmen. |

**Zur Zimmerpflanzenpflege reicht eine gute Grundausstattung aus wenigen, aber qualitativ hochwertigen Teilen aus.**

| Arbeitsgerät | Das brauchen Sie | Verwendung und Tipps |
|---|---|---|
|  | **Tontöpfe, Untersetzer**<br>Tontöpfe in verschiedenen Größen mit passenden Untersetzern sollten immer zur Hand sein. Statt Untersetzern kann man natürlich auch schöne Übertöpfe verwenden. | Töpfe und Untersetzer braucht man nicht nur zur Umtopfzeit im Frühjahr. Hin und wieder stoßen unerwarteter Windzug, unruhige Kinder oder Hunde Pflanzen um. |
|  | **Anzuchtkasten**<br>Für den Zimmergärtner, der Pflanzen vermehren möchte, ist ein kleiner Anzuchtkasten, in dem die Pflanzen gleichmäßige Temperatur- und Luftfeuchtigkeitsbedingungen haben, unabdingbar. | Anzuchtkästen gibt es in den verschiedensten Größen und Ausstattungen im Handel. Sie können sich solch ein Mini-Gewächshaus aber auch leicht selbst herstellen. |
|  | **Torfquelltöpfe/Anzuchterde**<br>Zur Vermehrung von Zimmerpflanzen ist ein kleiner Vorrat an Torfquelltöpfen (für die Stecklingsaufzucht) und/ oder Anzuchterde (für die Aussaat und andere Vermehrungsmethoden) sehr nützlich. | Torfquelltöpfe vor dem Einsatz gut wässern und die Stecklinge später immer mit Folie abdecken, da der Torf sehr schnell austrocknet. Anzuchterde pur oder mit etwas Sand gemischt (im Verhältnis 3:1) verwenden. |
|  | **Überwinterungsplatz**<br>Wer mehr als 2–3 Zimmerpflanzen hat, braucht früher oder später einen hellen und sehr kühlen Platz zum Überwintern, z.B. ein geräumiges Treppenhaus oder einen hellen Keller. | Trotz Ruhepause darf man die »Überwinterer« nicht ganz aus den Augen lassen. Gern nisten sich nämlich zu dieser Zeit Schädlinge ein. Pflanzen daher nicht zu dicht aneinander stellen. |

# Pflanzen auswählen

## Pflanzen auswählen

# Suchen Sie sich die passenden Arten aus

Da steht man nun im Gartenfachhandel zwischen all den grünen und blühenden Schönheiten, eine schöner als die andere und weiß gar nicht so recht, für welche man sich entscheiden soll. Kann die auserwählte Pflanze bei mir auch gut gedeihen? Wie sind ihre Pflegeansprüche – kann ich oder derjenige, dem ich die Pflanze mitbringen will, sie überhaupt erfüllen? Zugegeben, Zimmerpflanzen sind schon etwas anspruchsvoller als unsere altbekannten Gartenblumen. Kein Wunder, sind sie doch keine robusten Mitteleuropäer, sondern grazile, oftmals kapriziöse Schönheiten aus fernen Ländern. Aber faszinieren tun sie uns doch, und zu gern möchte man die eine oder andere mit nach Hause nehmen. Um die Qual der Wahl etwas zu erleichtern, werden auf den folgenden Seiten die häufigsten und relativ pflegeleichten Zimmerpflanzen in Wort und Bild vorgestellt.

### Aufbau des Porträtteils

Der folgende Portraitteil bietet Ihnen eine Übersicht der häufigsten üblicherweise im Gartenfachhandel angebotenen Zimmerpflanzen sowie eine kleine Auswahl an bekannten Kübelpflanzen, Kakteen und Orchideen, die relativ problemlos im Zimmer gehalten werden können.

▶ Da der wichtigste Pflegefaktor für eine Pflanze der richtige Standort und hier vor allem die Helligkeit ist, wurde der Portraitteil in vier Kategorien unterteilt:

- Pflanzen für sonnige Standorte
- Pflanzen für helle Standorte
- Pflanzen für halbschattige Standorte
- Pflanzen für schattige Standorte

▶ Innerhalb eines bestimmten Standortes sind die Pflanzen in verschiedenen Gruppen zusammengefasst, zum Beispiel Blütenpflanzen, Blattpflanzen, große Solitärpflanzen, rankende oder kletternde Arten.

▶ Um ein noch breiteres Angebot zu bieten, finden Sie immer wieder ausführliche Tabellen mit alternativen Pflanzen.

### Einteilung der Pflanzenporträts

Die einzelnen Pflanzenporträts sind folgendermaßen unterteilt:

▶ Auf den deutschen Namen folgt die international gültige wissenschaftliche Bezeichnung. Nach ihr werden die Pflanzen in Katalogen und Büchern geordnet.

Sortennamen stehen in Anführungszeichen, werden aber nur selten genannt, weil im Gartenfachhandel und den Gartencentern zwar häufig der wissenschaftliche Name, aber fast nie die spezielle Sorte auf den Etiketten zu lesen ist.

▶ Die anschließenden Angaben zu Wuchshöhe (bei Ampelpflanzen Wuchslänge) und -breite dienen als Information über den Platzbedarf, den die Pflanze nach einigen Jahren maximal benötigt.

Die angegebenen Zahlen sind als Mittelwerte zu verstehen, denn je nach Standort und Pflegeintensität wird es Abweichungen geben.

▶ Auch die Angaben zur Blütezeit können nur Richtwerte sein, denn mittlerweile ist es möglich, vielerlei Blütenpflanzen das ganze Jahr über zum Blühen anzuregen.

▶ Die fünfte Zeile gibt Auskunft über die Lebensform der Pflanze, die zum Beispiel ein- oder mehrjährig sein kann.

Viele Pflanzen, die als Blütenpflanzen für eine Saison eingestuft sind, könnten Sie auch weiter pflegen, jedoch wird bei ihnen der Wuchs oft sparrig und ohne fachmännisches Zutun lässt die Blühwilligkeit meist erheblich nach.

▶ Die Piktogramme (siehe rechte Seite) verdeutlichen Ihnen auf einen Blick die wichtigsten Pflege-, Wasser- und Düngerbedürfnisse und Eigenschaften der Pflanze.

▶ Dann kommt ein Hinweis auf einen besonders herausragenden Vorzug oder ein auffälliges Merkmal der vorgestellten Pflanze.

▶ Im weiteren Text geht es um Blüten-, Blatt- oder Fruchtfarben und -formen, Standortansprüche, Pflegemaßnahmen und Tipps zur Gestaltung.

**Die verwendeten Piktogramme**

Die Pflanze braucht nur wenig Pflege

Die Pflanze ist relativ pflegeintensiv

Die Pflanze ist sehr pflegeintensiv

Viel gießen, täglich Daumenprobe machen

Mäßig gießen, Daumenprobe alle 2–3 Tage

Wenig gießen, Pflanze aber nicht austrocknen lassen

Viel düngen, etwa alle 1–2 Wochen

Mäßig düngen, etwa alle 4 Wochen

Wenig düngen, Zugabe von Langzeitdünger reicht aus

Die Pflanze ist für Hydrokultur geeignet

Die Pflanze bzw. Teile von ihr sind giftig oder hautreizend

***Ein Fenster mit unschöner Aussicht kann sehr gut mit verschiedenen Zimmerpflanzen und Dekorationsmaterial »zugestellt« werden.***

Hinweise zu den Pflanzen- und Pflegebeschreibungen:

**Blüten/Früchte/Blattfarben oder -formen:** Hier sind die Farben, bzw. Formen angegeben, die Sie eventuell in den Gartencentern finden werden (auch im Foto zu sehen). Das ermöglicht Ihnen die gezielte Auswahl nach Ihrem Geschmack.

**Standort:** Hier werden noch einmal genau die Standortbedingungen beschrieben hinsichtlich Helligkeit, Temperatur und Luftfeuchte, die die Pflanze im Laufe des Jahres braucht und die sich im Sommer und Winter unterscheiden können.

**Gießen, Düngen, Pflegen:** Unter diesen Stichworten finden Sie Tipps zum Gießen, Düngen, Umtopfen sowie besondere Pflegemaßnahmen.

**Gestaltung:** Hier finden Sie wichtige Tipps, wo und wie die Pflanze optimal zur Geltung gebracht werden kann, sowie Vorschläge für Kombinationen mit anderen Pflanzenarten.

In der untersten Zeile stehen von Fall zu Fall zusätzliche Expertentipps, Querverweise oder gute Partner für Arrangements auf der Fensterbank oder in Pflanzschalen.

**QUERVERWEISE**
***Die Daumenprobe Seite 22***

# Sonniger Standort

**Für sehr viele Zimmerpflanzen gilt dieser Standort wegen der zeitweise hohen Strahlungsintensität eher als extrem heikel.**

Fachleute definieren einen sonnigen Standort so: Platz mit maximaler Lichtintensität von 3000–5000 Lux und darüber.
Bevor Sie nun mit Kompass und Luxmeter nach diesen Bedingungen in Wohnung oder Garten forschen, beobachten Sie einfach den Gang der Sonne im Laufe des Tages. Dort, wo die Sonne mittags über mehrere Stunden direkt in das Zimmer scheint, ist die höchste Strahlungsintensität.

### Wo ist ein sonniger Standort?

Die sonnigsten Standorte in der Wohnung sind zweifelsohne die Fensterbänke der nach Süden, Südwesten oder Westen ausgerichteten Fenster. Oft sind das die Fensterbänke in Räumen, in denen Sie sich bevorzugt aufhalten, also Wohn- oder Arbeitszimmer. In vielen Wohnungen sind unterhalb der Fensterfront auch Heizkörper angebracht. Das macht den Platz auf der Fensterbank warm und im Winter sehr trocken. Im Garten oder auf dem Balkon liegen sonnige Plätze oftmals sehr geschützt (durch Haus- oder andere Trennwände), so dass es auch hier sehr warm werden kann.

### Was zu beachten ist

Die meisten unserer Zimmerpflanzen halten diese extremen Bedingungen nicht aus. Wundern Sie sich also nicht, wenn die nicht angepassten Arten ihre Blätter in Mengen fallen lassen, an vielen Stellen braun werden, ausbleichen oder nicht mehr blühen wollen. Achten Sie auf Folgendes:

- ▶ Stellen Sie auf sonnendurchflutete, warme Fensterbänke nur Pflanzenarten, die viel Sonne und Wärme vertragen können.
- ▶ Beachten Sie ganz genau die Gießvorschriften.
- ▶ Lüften Sie zwei- bis dreimal am Tag kräftig durch.
- ▶ Stellen Sie, wenn möglich, im Winter eine Nachtabsenkung der Heizung ein.
- ▶ Sprühen Sie die Pflanzen öfter zwischendurch ein – jedoch keinesfalls bei praller Sonneneinstrahlung.
- ▶ Schattieren Sie – wenn möglich – um die Mittagszeit, um zu starke Sonneneinstrahlung abzuschwächen.

***Auf einem sonnigen Fensterbrett fühlen sich vor allem Kakteen und Sukkulenten wohl.***

# Bunte Geschöpfe auf der Fensterbank

## Wüstenrose

*Adenium obesum*
**Höhe/Breite:** 25–40 cm/ca. 25 cm
**Blütezeit:** Frühjahr und Herbst
**bizarre Stammsukkulente**

▶ **lange Blütenpracht**

**Blüten:** je nach Sorte weiß, rot oder rosafarben, ein- oder zweifarbig; **Standort:** das ganze Jahr sonnig und warm (nicht unter 20 °C); **Gießen:** vom Frühjahr bis zum Herbst Substrat gut feucht halten (Daumenprobe), jedoch keine stauende Nässe verursachen; **Düngen:** im Sommer alle 2 Wochen schwach düngen; **Pflegen:** im Frühjahr bei Bedarf in gut durchlässige Erde und nicht zu große, flache Gefäße umtopfen; **Gestaltung:** wirkt sehr gut als Einzelpflanze oder in flachen Schalen zusammen mit anderen Sukkulenten, die ebenfalls nicht tief wurzeln

## Zierpaprika

*Capsicum annuum*
**Höhe/Breite:** 25–30 cm/20 cm
**Blütezeit:** ab Juni
**Schmuckpflanze für eine Saison**

▶ **auffallend gefärbte Früchte**

**Blüten:** weiß, unauffällig; die attraktiven Früchte erscheinen vom Frühsommer bis in den Winter in verschiedenen Tönungen von Violett, Rot, Orange bis Gelb; **Standort:** sonnig bis hell, aber nicht zu warm (über 20 °C), eher kühl stellen; kann den Sommer über auch auf der Terrasse an geschütztem Ort stehen; **Gießen:** mäßig feucht halten (nach Bedarf mit Daumenprobe); **Düngen:** regelmäßig alle 2 Wochen; **Pflegen:** Zugluft vermeiden; **Gestaltung:** wirken sehr schön als Einzelstücke an kleinen Fenstern

## Flammendes Käthchen

*Kalanchoë-Blossfeldiana*-Hybriden
**Höhe/Breite:** 25 cm/15–20 cm
**Blütezeit:** ganzjährig
**Blütenpflanze für eine Saison**

▶ **wachsartige, dicke Blätter**

**Blüten:** große Blütendolden in kräftigem Gelb, Orange, Rot und Rosa, in hellen und dunklen Tönungen; **Standort:** sonnig (jedoch vor direkter Mittagssonne schützen), warm und luftig; kann auch an anderem hellen Ort als der sonnigen Fensterbank stehen; **Gießen:** nur gießen, wenn die Erdoberfläche trocken ist (Daumenprobe); **Düngen:** alle 2–3 Wochen düngen; **Pflegen:** 2–3 mal täglich gut lüften; **Gestaltung:** schöne Tisch- und Fensterdekoration; häufige Beipflanzung in Schalen; auch als Minis erhältlich

**EXPERTENTIPP**
***Die Pflanze führt einen giftigen und hautreizenden Milchsaft!***

**EXPERTENTIPP**
***Blattlaus- oder Spinnmilbenbefall bei zu trockener Haltung.***

**GUTE PARTNER**
***Efeu, Kletterficus, Farne***

**Obwohl sonnige und warme Plätzchen nur für wenige Zimmerpflanzen geeignet sind, braucht man auf blühende Farbtupfer nicht zu verzichten.**

## Madagaskarglöckchen

*Kalanchoë miniata*
**Höhe/Breite:** 20–25 cm/bis 50 cm
**Blütezeit:** Februar – März
**sukkulente Blütenpflanze**

▶ **aparte Glöckchenblüten**

**Blüten:** glockenförmig, lachsfarben, aprikotfarben, rot, orange; **Standort:** sonnig bis hell und warm, ab und zu lüften, im Sommer auch auf dem Balkon an windgeschütztem, eher halbschattigem Ort; **Gießen:** nur gießen bei Bedarf (Daumenprobe) – bei zu feuchter Haltung faulen die Blätter; **Düngen:** während der Blüte alle 2–3 Wochen düngen; **Pflegen:** lässt sich leicht durch Kopf- oder Blattstecklinge in Erde vermehren; **Gestaltung:** als Ampelpflanze eignet sich hervorragend *K. manginii*

## Edelpelargonie

*Pelargonium-Grandiflorum*-Hybriden
**Höhe/Breite:** 40 cm/25 cm
**Blütezeit:** April – Juni
**strauchartige Blütenpflanze**

▶ **große Blütendolden**

**Blüten:** violett, rosa oder weiß, oftmals mit schöner dunkler Zeichnung, stehen in Dolden beieinander; **Standort:** sonnig, luftig und warm (um 20 °C); kühl überwintern (bei etwa 15 °C); **Gießen:** bei Bedarf (Daumenprobe) reichlich gießen, aber Staunässe vermeiden; **Düngen:** während der Blüte möglichst einmal pro Woche düngen; **Pflegen:** zum Frühjahr hin auf ca. 5 cm zurückschneiden; alle 2 Jahre umtopfen; leicht durch Kopfstecklinge im Herbst zu vermehren; **Gestaltung:** interessante Einzelpflanze auf der Fensterbank

## Pentas

*Pentas lanceolata*
**Höhe/Breite:** 30 cm/30 cm
**Blütezeit:** September – Januar
**kompakte Blütenpflanze**

▶ **kugelig wachsende Blüten**

**Blüten:** kleine Einzelblüten in kugeligen Dolden in Rosa, Lachs, Karminrot; **Standort:** im Sommer und Herbst warm, hell und luftig, im Winter kühler (um 15 °C), vor direkter Mittagssonne schützen; **Gießen:** mit zimmerwarmem Wasser gießen (Daumenprobe) – sowohl Staunässe als auch trockenen Ballen vermeiden; **Düngen:** im Sommer etwa alle 2 Wochen etwas düngen; **Pflegen:** nach der Blüte kräftig zurückschneiden, umtopfen, kurzzeitig Gießen und Düngen stark einschränken; **Gestaltung:** schöne Tischdekoration im Winter

**EXPERTENTIPP**
***Wird mit der Zeit sparrig, deshalb jährlich Stecklinge machen.***

**EXPERTENTIPP**
***Zu warme Haltung im Winter vermindert den Knospenansatz.***

**EXPERTENTIPP**
***Auch wärmeliebende Pflanzen mögen das kurzzeitige Lüften des Raumes.***

# Schmückende Blattpflanzen

## Lanzenrosette

*Aechmea fasciata*
**Höhe/Breite:** 40–50 cm/40 cm
**Blütezeit:** Juli – September
**epiphytische Blattpflanze**

▶ **große Trichterbromelie**

**Blüten:** auffallender Blütenstand aus rosa Deckblättern und lilafarbenen Blütchen; **Standort:** ganzjährig warm (über 18 °C) und sonnig; verträgt auch Heizungsluft; **Gießen:** im Sommer alle 1–2 Wochen wenig in den Blatttrichter gießen, im Winter alle 3–4 Wochen; **Düngen:** im Sommer alle 2 Wochen ganz schwach düngen; **Pflegen:** an trockenen, heißen Tagen sprühen; alle 2 Jahre umtopfen; nach der Blüte Kindel abnehmen und eintopfen, die Hauptpflanze stirbt nach der Blüte ab; **Gestaltung:** gute Beipflanzung in Hydrokultur-Schalen

## Elefantenfuß

*Beaucarnea recurvata*
**Höhe/Breite:** 1 m/60 cm
**Blütezeit:** blüht nicht in Kultur
**exotischer Zimmerbaum**

▶ **außergewöhnliche Wuchsform**

**Standort:** im Sommer möglichst an regengeschützten, sonnigen Platz auf den Balkon stellen (im Zimmer ausreichend lüften); im Winter hell und kühl; **Gießen:** mäßig feucht halten (Daumenprobe); reagiert sehr empfindlich auf Staunässe; **Düngen:** im Sommer alle 14 Tage schwach düngen; **Pflegen:** alle 3 Jahre umtopfen und reichlich Tonscherben über das Abzugsloch legen; **Gestaltung:** die skurrile Wuchsform lässt sie zu einem Blickpunkt am Fenster werden; einzeln stellen

## Leuchterblume

*Ceropegia woodii*
**Länge:** 1-2 m
**Blütezeit:** ganzjährig
**Ampelpflanze**

▶ **tropische Schlingpflanze**

**Blüten:** interessant gestaltete, rosafarbene Röhrenblüten; **Standort:** ganzjährig sonnig und warm; freut sich aber über ein kühleres Plätzchen im Winter; **Gießen:** eher weniger als zu viel (Daumenprobe); **Düngen:** im Sommer schwach düngen; **Pflegen:** alle 2–3 Jahre umtopfen, dann auch Langzeitdünger zugeben; **Gestaltung:** Ampelpflanze für das Blumenfenster; kann aber auch am Spalier gezogen werden

**EXPERTENTIPP**
***Wird mit zunehmendem Alter immer schöner in der Wuchsform.***

**EXPERTENTIPP**
***Zur Vermehrung die Knöllchen in den Blattachseln in Erde bewurzeln lassen.***

**Kaum zu glauben – es gibt auch einige Blattpflanzen, die dank besonderer Überlebensstrategien viel Sonne und Wärme vertragen.**

## Buntnessel

*Coleus-Blumei*-Hybriden

**Höhe/Breite:** 40–50 cm/30 cm

**Blütezeit:** Sommer

**Blattpflanze für eine Saison**

**▶ prachtvoll gezeichnete Blätter**

**Blüten:** hellblau, eher unscheinbar; **Standort:** hell und sonnig, aber eher etwas kühler (keine Heizungsluft, normale Zimmertemperatur), vor direkter Mittagssonne geschützt; **Gießen:** im Sommer reichlich gießen, im Winter weniger, nicht austrocknen lassen; **Düngen:** außer im Winter alle 14 Tage düngen; **Pflegen:** nach ein paar Monaten werden die Pflanzen sparrig, dann Kopfstecklinge in Wasser ziehen; Jungpflanzen öfter zurückschneiden, um buschigen Wuchs zu erzielen; **Gestaltung:** guter Hintergrund für gelb oder orange blühende Pflanzen

## Zierbanane

*Musa acuminata*

**Höhe/Breite:** 2 m/1,5 m

**Blütezeit:** blüht in Kultur kaum

**attraktive Kübelpflanze**

**▶ schnell wachsende Blattpflanze**

**Blüten:** ältere Pflanzen bringen auffallende Blütenstände hervor; **Standort:** im Sommer am besten sonnig und windgeschützt im Freien; im Winter hell und kühl (ca. 16 °C); **Gießen:** im Sommer reichlich gießen (Daumenprobe), im Winter wenig gießen; **Düngen:** im Sommer wöchentlich gut düngen; **Pflegen:** alle 2–3 Jahre in nahrhafte Erde umtopfen; **Gestaltung:** in großen Tonkübeln halten; während der Sommerzeit Ranker und blühende Pflanzen an den Kübelrand setzen

## Yucca, Palmlilie

*Yucca elephantipes*

**Höhe/Breite:** 4–8 m/1–1,5 m

**Blütezeit:** blüht in Kultur selten

**robuster Zimmerbaum**

**▶ sehr beliebte Zimmerpflanze**

**Blüten:** auffallender Blütenstand aus zahlreichen weißen bis cremefarbenen Glockenblüten; **Standort:** im Sommer am besten im Freien; möglichst hell, luftig und sehr kühl (5–10 °C) überwintern; **Gießen:** mäßig feucht, bei kühler Überwinterung eher trockener halten; **Düngen:** im Sommer alle 14 Tage schwach düngen; **Pflegen:** alle 2–3 Jahre im Frühjahr umtopfen, reichlich Tonscherben übers Abzugsloch legen, organischen Langzeitdünger zugeben, Blumenerde verwenden; **Gestaltung:** hoch wachsende, attraktive Solitärpflanze für große Räume

**GUTE PARTNER**

***Gelb oder orange blühende Flammende Käthchen***

**EXPERTENTIPP**

***Viele Gärtnereien bieten einen Überwinterungsservice an.***

**EXPERTENTIPP**

***Zu groß gewordene Pflanzen absägen und erneut austreiben lassen.***

# Kübelpflanzen für den Wintergarten

**Blütenpflanzen für sonnige Standorte**

| Art | Blütenfarbe | Blütezeit |
|---|---|---|
| Schmucklilie *Agapanthus praecox* | blauviolett | Sommer |
| Scheinmalve *Anisodontea capensis* | dunkelrosa | Frühsommer bis Herbst |
| Erdbeerbaum *Arbutus unedo* | weiß, creme, rosa | Winter |
| Bougainvillee *Bougainvillea glabra* | rot, violett, rosa, orange, gelb, weiß | Frühjahr bis Spätsommer |
| Paradiesvogelbusch *Caesalpinia gilliesii* | gelb-rot | Sommer |
| Gewürzrinde *Cassia corymbosa* | tiefgelb | Sommer bis Frühherbst |
| Hammerstrauch *Cestrum*-Arten | weiß, gelb, rosa, rot | Frühjahr bis Herbst |
| Geißklee *Cytisus x racemosus* | gelb | Frühjahr bis Frühsommer |
| Engelstrompete *Datura*-Sorten | weiß, gelb, cremefarben, rosa, rot, blau | Frühsommer bis Herbst |
| Korallenstrauch *Erythrina crista-galli* | rot | Sommer bis Herbst |
| Jakobinie *Jacobinia pauciflora* | gelbrot | Winter |
| Kreppmyrte *Lagerstroemia indica* | dunkelrosa | Sommer bis Spätherbst |
| Südseemyrte *Leptospermum scoparium* | rosa, weiß, rot | Winter bis Frühsommer |
| Chilenischer Jasmin *Mandevilla laxa* | weiß, gelb, rosa, violett | Frühsommer bis Sommer |
| Eisenholzbaum *Metrosideros excelsa* | rot | Frühsommer |
| Brautmyrte *Myrtus communis* | weiß bis cremefarben | Frühsommer bis Herbst |
| Oleander *Nerium oleander* | rot, rosa, cremefarben | Sommer |
| Duftgeranie *Pelargonium-Arten* | weiß, rosa, violett | Sommer |

## Amerikanische Agave

*Agave americana*

**Höhe/Breite:** 1 m/1,5 m

**Blütezeit:** blüht erst im Alter

**sukkulente Rosettenpflanze**

▶ **Blätter stark bedornt**

**Blätter:** grün oder panaschiert; **Standort:** im Sommer vollsonnig im Freien; Überwinterung hell und sehr kühl (knapp über 0 °C); **Gießen:** mäßig gießen (Daumenprobe), eher trocken halten; **Düngen:** im Sommer 2–3 mal dem Gießwasser Dünger zugeben; **Pflegen:** jüngere Pflanzen alle 3 Jahre umtopfen, unbedingt auf gute Drainage achten; leicht durch Kindel zu vermehren; **Gestaltung:** besonders schön sind grün-gelb gefärbte Sorten; Agaven werden recht ausladend und wirken am besten ausgepflanzt im Wintergarten in einem »Wüstenbeet«

## Zwergpalme

*Chamaerops humilis*

**Höhe/Breite:** bis 1,5 m/bis 1,2 m

**Blütezeit:** blüht in Kultur selten

**buschig wachsende Fächerpalme**

▶ **strauchförmige Palme**

**Blüten:** rispenartige Blütenstände mit gelblichen Einzelblüten; **Standort:** das ganze Jahr über hell bis sonnig und luftig; im Sommer am besten im Freien, im Winter etwas kühler (ca. 16 °C); **Gießen:** in den Sommermonaten reichlich gießen, je höher die Temperatur, desto mehr Wasser wird benötigt; im Winter nur wenig gießen, lieber trockener halten; Staunässe unbedingt vermeiden; **Düngen:** im Sommer alle 14 Tage schwach düngen; **Pflegen:** alle 2–3 Jahre umtopfen; **Gestaltung:** wirkt am besten als Einzelpflanze an exponierter Stelle

**EXPERTENTIPP**

***Lange Endstacheln mit aufgesteckten Korken »entschärfen«.***

**EXPERTENTIPP**

***Achtung, die Blattstiele sind mit scharfen Dornen besetzt.***

**Einige sonnenliebende Pflanzen eignen sich auf Grund ihrer Größe eher für den Wintergarten und im Sommer für Balkon und Terrasse.**

## Kokospalme

*Cocos nucifera*
**Höhe/Breite:** bis 5 m/bis 2 m
**Blütezeit:** blüht in Kultur nur selten
**langsamwüchsige Fiederpalme**

▶ **Blätter zunächst ungefiedert**

**Blüten:** Blütenrispen mit hellgelben Einzelblüten; **Standort:** das ganze Jahr über so sonnig und hell wie möglich, warm und luftig; **Gießen:** stets gleichmäßig feucht halten (Daumenprobe), eher trockener als zu nass; **Düngen:** in den Sommermonaten einmal im Monat düngen; **Pflegen:** regelmäßig mit kalkfreiem, lauwarmem Wasser besprühen und für hohe Luftfeuchtigkeit sorgen, wird in Kultur nicht sehr alt; **Gestaltung:** attraktive Pflanze, die am besten als Einzelpflanze wirkt

## Echte Feige

*Ficus carica*
**Höhe/Breite:** bis 3 m/bis 3 m
**Blütezeit:** Frühjahr oder Herbst
**sommergrüner Strauch**

▶ **in vielen Sorten erhältlich**

**Blüten:** klein und unscheinbar; reizvoller sind die verschieden gefärbten und geformten, essbaren Früchte; **Standort:** im Sommer sonnig und warm, im Winter hell und kühl, das ganze Jahr über luftig; **Gießen:** im Sommer reichlich gießen, jedoch Staunässe unbedingt vermeiden; im Winter nur dafür sorgen, dass der Wurzelballen nicht vollständig austrocknet; **Düngen:** im Sommer einmal die Woche schwach düngen; **Pflegen:** bei Bedarf im Frühjahr in gut durchlässige Erde umtopfen; **Gestaltung:** groß werdende Pflanze, die viel Platz benötigt

## Kanarische Dattelpalme

*Phoenix canariensis*
**Höhe/Breite:** bis 4 m/bis 5 m
**Blütezeit:** blüht in Kultur selten
**einstämmige Fiederpalme**

▶ **sehr häufig kultivierte Palmenart**

**Blüten:** große Blütenstände mit gelben bis cremefarbenen Einzelblüten; **Standort:** im Sommer sonnig und warm, im Winter hell und kühl, stets aber luftig; **Gießen:** im Sommer reichlich, im Winter nur sparsam gießen, Wurzelballen nie austrocknen lassen; **Düngen:** im Sommer alle 14 Tage düngen; **Pflegen:** im Sommer hin und wieder sprühen; im Frühjahr bei Bedarf in gut durchlässige Erde umtopfen; zu groß gewordene Wurzelballen rundherum beschneiden; **Gestaltung:** wirkt als Einzelpflanze am besten

**EXPERTENTIPP**
***Kokospalmen sind in der Regel im Keimlingsstadium im Handel.***

**EXPERTENTIPP**
***Bestimmte Zuchtformen setzen auch ohne Bestäubung Früchte an.***

**QUERVERWEISE**
***Palmen pflegen Seite 57***

# Gäste aus Wüste und Savanne

## Aloë

*Aloë variegata*
**Höhe/Breite:** 1 m/70 cm
**Blütezeit:** Januar/Februar
**Blattsukkulente**

▶ **rosettige Sukkulente**

**Blüten:** lang gestielte Blütenähren mit gelb-orangefarbenen Einzelblüten; **Standort:** bevorzugt ganzjährig einen warmen, sonnigen Platz, kann aber im Winter auch etwas kühler stehen; im Sommer auch Aufenthalt auf der sonnigen, wind- und regengeschützten Terrasse möglich; **Gießen:** wenig gießen, lieber trockener halten; **Düngen:** im Sommer ab und zu etwas Kakteendünger zugeben; **Pflegen:** alle 3–4 Jahre in Kakteenerde oder gut durchlässiges Substrat umtopfen; **Gestaltung:** wirkt am besten als Einzelpflanze

## Christusdorn

*Euphorbia milii*
**Höhe/Breite:** 30–50 cm/20–30 cm
**Blütezeit:** Oktober – Juni
**sukkulente Blütenpflanze**

▶ **bizarre Wuchsform**

**Blüten:** ursprünglich nur rot, Zuchtformen aber in Weiß, Gelb, Rosa, Rot und Violett; **Standort:** im Sommer warm und sonnig, im Winter zur Blütenbildung hell und kühl (ca. 15 °C); die Hybriden sollten ganzjährig warm stehen; **Gießen:** mäßig feucht halten (Daumenprobe), aber auch nicht austrocknen lassen; **Düngen:** zur Blütezeit wenig düngen; **Pflegen:** alle 3–4 Jahre umtopfen; **Gestaltung:** farbige, pflegeleichte Ergänzung in Hydrokultur-Pflanzschalen

## Lebende Steine

*Lithops*-Arten
**Höhe/Breite:** 5–6 cm/6–8 cm
**Blütezeit:** September – Oktober
**blühende Sukkulente**

▶ **steinähnliche Blattsukkulente**

**Blüten:** weiß und gelb; **Standort:** sonnig, warm und luftig; von November bis April kühl (bei 5–8 °C), sonst wachsen keine neuen Blätter nach; **Gießen:** nur ab und zu in den Untersetzer gießen oder alle paar Wochen den Topf wässern; keinesfalls zwischen die Blätter gießen; **Düngen:** in den Sommermonaten schwach düngen; **Pflegen:** alle 3 Jahre in neue Kakteenerde umtopfen; **Gestaltung:** Substrat mit Sand oder hellen Kieselsteinen abdecken; auch in einem kleinen Terrarium mit anderen Wüstenpflanzen wirkt das Pflänzchen sehr schön

**EXPERTENTIPP**
*Aloë arborescens wächst baumförmig.*

**EXPERTENTIPP**
*Kompakter und mit größeren Blättern sind die Euphorbia-Lomii-Hybriden.*

**GUTE PARTNER**
*Kleinwüchsige Kakteen*

**Diese reizvollen, oft bizarren Pflanzen sind fast unverwüstlich. Sie sind damit geradezu ideal für Einsteiger und »Gießmuffel«.**

## Madagaskarpalme

*Pachypodium*-Arten
**Höhe/Breite:** 50 cm/40 cm
**Blütezeit:** blüht in Kultur kaum
**sukkulente Blattpflanze**

▶ **palmenartiger Blattschopf**

**Blüten:** bringt am Naturstandort herrliche Blüten hervor; **Standort:** das ganze Jahr über warm und sonnig; **Gießen:** im Winter mäßig feucht halten, im Sommer fast gar nicht gießen (Ruhezeit); **Düngen:** im Winter und zeitigen Frühjahr sparsam düngen; **Pflegen:** alle 4–5 Jahre in Kakteenerde umtopfen; **Gestaltung:** macht sich auch gut als Solitärpflanze auf einem sonnigen, windgeschützten Balkon

## Sansevierie, Bogenhanf

*Sansevieria trifasciata*
**Höhe/Breite:** bis 1 m/20–50 cm
**Blütezeit:** Frühjahr
**sukkulente Blattpflanze**

▶ **bildet dichte Blatthorste**

**Blüten:** ältere Pflanzen bringen grünlich-weiße, herrlich duftende Blüten hervor; **Standort:** ganzjährig hell und warm (nicht unter 15 °C), vor praller Mittagssonne schützen; rein grünlaubige Sorten vertragen auch Halbschatten; **Gießen:** nach Bedarf gießen, eher trocken halten; **Düngen:** in den Sommermonaten schwach mit Kakteendünger düngen; **Pflegen:** wenn nötig in Kakteenerde (in einen eher flachen Topf) umtopfen; Kindel abtrennen und extra eintopfen; **Gestaltung:** sehr schön in Kombination verschiedenfarbiger Sorten

## Graue Tillandsie, Luftnelke

*Tillandsia*-Arten
**Höhe/Breite:** 15–20 cm/10–15 cm
**Blütezeit:** blüht in Kultur selten
**Epiphyt**

▶ **schmale, grau schimmernde Blätter**

**Blüten:** ährige Blütenstände mit rosa- bis lilafarbigen Blüten; **Standort:** vollsonnig und luftig; **Gießen:** im Sommer einmal am Tag mit entkalktem Wasser sprühen (die Pflanze nimmt das Wasser über die Blätter auf), im Winter einmal in der Woche; **Düngen:** im Sommer ab und an etwas Dünger dem Sprühwasser zugeben; **Pflegen:** kann im Winter auch kühler und noch trockener gehalten werden; **Gestaltung:** eignet sich als Ampelpflanze, dazu die Pflanze samt dem Stämmchen, auf dem sie sitzt, an einer Schnur ins Fenster hängen

**EXPERTENTIPP**
***Sehr pflegeleichte, jedoch stachelige und giftige Zimmerpflanze.***

**EXPERTENTIPP**
***Beim Umtopfen reichlich Tonscherben über das Abzugsloch legen.***

**EXPERTENTIPP**
***Kaufen Sie nur Pflanzen, die an Ästen aufgebunden sind.***

# Kakteen – bizarr und reich blühend

### Kakteen mit schönen Blüten

| Name | Blütenfarbe | Blütezeit |
|---|---|---|
| Schlangenkaktus *Aporocactus flagelliformis* | rosa, rot | Frühjahr |
| Bischofsmütze *Astrophytum capricorne* | gelb | Sommer |
| *Echinofossulocactus* | gelb, blauviolett, weiß | Frühjahr |
| Warzenkaktus *Mammillaria* | gelb, rot, violett, weiß | Frühjahr |
| *Notocactus* | gelb, rosa, violett | Frühjahr, Sommer |
| Buckelkaktus *Notocactus haselbergii* | rot, gelb | Frühjahr, Sommer |
| *Rebutia* | gelb, violett, rot | Frühjahr |
| Korallenkakteen *Rhipsalis* | gelb | Winter |
| Königin der Nacht *Selenicereus grandiflorus* | braun-weiß | Sommer |

### Kakteen mit bizarrer Wuchsform

| Name | Wuchsform |
|---|---|
| Greisenhaupt *Cephalocereus senilis* | säulenförmiger Stamm, dicht mit langen, weißen Haaren bedeckt |
| Säulenkaktus *Cereus peruvianus* | säulenförmiger, dunkelgrüner Stamm mit verzweigter Krone, Rippen um die Areolen herum gehöckert |
| Kugelkaktus *Echinocactus ingens* | kugeliger Stamm mit starken, bräunlichen Dornen |
| *Ferocactus acanthodes* | kugel- bis kurzsäuliger Stamm mit langen, weißlichen, rosafarbenen oder hellroten Stacheln |
| Spinnenkaktus *Gymnocalycium mihanovichii* | klein, kugelig, mit roten und gelben Aufpfropfungen |
| *Trichocereus spachianus* | grüne, vielrippige Säule, mit kurzer, weißer Bestachelung |

## Schwiegermuttersitz

*Echinocactus grusonii*
**Höhe/Breite:** 1,5 m/80 cm
**Blütezeit:** Sommer
**Kugelkaktus**

▶ **wehrhaft und stark bedornt**

**Blüten:** gelb, rosa bis violett; gelbe oder weiße Stacheln; **Standort:** im Sommer warm und sonnig (aber keine direkte Sonne), im Winter kühl (um 10 °C) und hell; **Gießen:** im Sommer gut wässern (Daumenprobe), im Winter nur wenig Gießen; **Düngen:** im Frühjahr und Sommer ein- bis zweimal im Monat mit Kakteendünger düngen; **Pflegen:** bei Bedarf im Frühjahr oder Sommer umtopfen; **Gestaltung:** wegen seiner Größe und Wuchsform sehr gut als Kübelpflanze geeignet

## Silberkerze

*Cleistocactus straussii*
**Höhe/Breite:** bis 4 m/3–6 cm
**Blütezeit:** Frühjahr
**säulenförmiger Wuchs**

▶ **dichte, schneeweiße Behaarung**

**Blüten:** schmal, weinrot; **Standort:** im Sommer sonnig, warm und luftig, im Winter hell und kühl (5–10 °C); **Gießen:** im Sommer nicht austrocknen lassen, ab und zu wässern (Topf zu 2/3 in Tauchbad stellen), im Winter fast trocken halten; kalkfreies Wasser verwenden; **Düngen:** im Frühjahr und Sommer ein- bis zweimal im Monat mit Kakteendünger düngen; **Pflegen:** bei Bedarf im Frühjahr in gut durchlässiges Substrat umtopfen; größere Pflanzen benötigen eine Stütze; **Gestaltung:** größere Exemplare sind gut als Kübelpflanzen geeignet

**EXPERTENTIPP**

***Kakteen besser ab und zu im Tauchbad wässern als regelmäßig gießen.***

**QUERVERWEISE**

***Kakteen pflegen Seite 56***

**Kakteen sind anspruchslose Pflanzen, die durch ihre bizarre Vielgestaltigkeit eine eigene Anziehungskraft besitzen.**

## Blattkaktus

*Epiphyllum*-Hybriden
**Höhe/Breite:** ca. 90 cm/50 cm
**Blütezeit:** Frühjahr, Sommer
**Spross am Rand gewellt**

▶ **große, farbenprächtige Blüten**

**Blüten:** gelb, orange, rot, lila, weiß, auch zweifarbig geflammt; einige Arten duften; **Standort:** ganzjährig sehr hell und luftig, vor direkter Sonne schützen; im Winter bei 10 °C; **Gießen:** im Frühjahr und Sommer feucht halten, in der Ruhezeit sparsam gießen, aber nicht austrocknen lassen, kalkfreies Wasser verwenden; **Düngen:** im Frühjahr und Sommer alle 2 Wochen mit Kakteendünger düngen; **Pflegen:** im Frühjahr oder nach der Blüte umtopfen; **Gestaltung:** breite, flache Töpfe verwenden; einige Arten eignen sich auch als Ampelpflanzen

## Feigenkaktus, Opuntie

*Opuntia*-Arten
**Höhe/Breite:** bis 5 m/3 m
**Blütezeit:** Sommer
**flache, scheibenförmige Sprosse**

▶ **sehr wuchsfreudig**

**Blüten:** gelb, orange, rot, weiß; **Standort:** im Frühjahr/Sommer sonnig und warm, am besten im Freien an wind- und regengeschützten Platz; im Winter sehr kühl (6–8 °C), hell und luftig; **Gießen:** zu Triebbeginn im Frühjahr reichlich gießen (ohne Staunässe), dann nur nach Bedarf (Daumenprobe); im Winter eher trocken halten; **Düngen:** im Frühjahr/Sommer ein- bis zweimal im Monat mit Kakteendünger; **Pflegen:** im Frühjahr bei Bedarf umtopfen; **Gestaltung:** wegen ihrer Größe und Wuchsform beliebte Kübelpflanze

## Osterkaktus

*Rhipsalidopsis gaertneri*
**Höhe/Breite:** 25–30 cm/50 cm
**Blütezeit:** Frühjahr
**gegliederter, flacher Spross**

▶ **reich blühend**

**Blüten:** dunkelrot, rosafarben; **Standort:** sehr hell, aber ohne direkte Sonne, luftig; im Frühjahr/Sommer warm, im Winter bei 6–10 °C; **Gießen:** im Frühjahr/Sommer feucht halten (Daumenprobe; Staunässe vermeiden), im Herbst/Winter sparsam gießen; **Düngen:** im Frühjahr/Sommer alle 2 Wochen mit Kakteendünger düngen; **Pflegen:** bei Bedarf im Sommer in Kakteenerde umtopfen; **Gestaltung:** gut als Ampelpflanze geeignet

**EXPERTENTIPP**
***Bei allen Blattkakteen zur Blütezeit den Topf weder drehen noch umstellen.***

**EXPERTENTIPP**
***Der Weihnachtskaktus (Schlumbergera-Hybriden) blüht im Winter.***

# Heller Standort

**Die Auswahl an Pflanzen für helle Standorte ist besonders groß, da Licht die wichtigste Energiequelle der Pflanzen ist, um gut wachsen und ausreichend blühen zu können.**

Was zeichnet einen hellen Standort aus? Dazu sagt das Gärtnerlexikon: An einem hellen Standort beträgt die Lichtintensität mindestens 2000 Lux.

## Wo ist ein heller Standort?

Für die meisten Pflanzenliebhaber stellt sich die Frage: In welchen Zimmern meiner Wohnung ist es ausreichend hell, und woran kann ich das auch ohne Luxmeter in der Hand einfach erkennen?
Der idealste Platz für Pflanzen, die es hell, aber nicht sonnig und heiß mögen, ist ein nach Osten gerichtetes Fenster. Aber auch an vielen anderen Stellen der Wohnung gedeihen helligkeitsliebende Pflanzen gut. Hier einige Hilfen zur Standortbestimmung:

- ▶ Steht das Haus, in dem Sie wohnen, relativ frei, das heißt von anderen Häusern oder großen Bäumen einige Meter entfernt?
- ▶ Wohnen Sie »weiter oben«, das heißt vom 2. Stock an aufwärts?
- ▶ Hat Ihre Wohnung große Fenster?
- ▶ Haben Sie weiße/helle Wände und/oder Fußböden?
- ▶ Haben Sie keine Gardinen vor den Fenstern?
- ▶ Scheint die Sonne für einige Stunden am Tag in Ihre Wohnung?

Wenn Sie eine oder mehrere dieser Fragen mit »Ja« beantworten können, dann verfügen Sie über ideale Voraussetzungen für die meisten Zimmerpflanzen.

## Die Qual der Wahl

Die Anzahl und Vielfalt an Blatt- und Blütenpflanzen, die einen hellen Standort ohne den Einfall praller Mittagssonne benötigen, ist riesig groß. Einige Kriterien zur Auswahl gilt es dennoch zu beachten:

- ▶ Viele helligkeitsliebende Pflanzen benötigen eine hohe Luftfeuchte, müssen also regelmäßig mit zimmerwarmem, kalkfreiem Wasser besprüht werden – ist das am vorgesehenen Standort problemlos möglich?
- ▶ Bei idealen Standortbedingungen wachsen und gedeihen die Pflanzen sehr gut – ist der notwendige Platz zum ungestörten Ausbreiten auch für längere Zeit vorhanden?

***Die meisten Blüten- und Blattpflanzen gedeihen an einem hellen Standort am besten.***

# Die kennt jeder ...

## Glanzkölbchen

*Aphelandra squarrosa*
**Höhe/Breite:** 40 cm/25 cm
**Blütezeit:** Juni – Oktober
**Blütenpflanze für eine Saison**

▶ **sehr schön gezeichnete Blätter**

**Blüten:** gelb; **Standort:** steht am besten am hellen, aber nicht vollsonnigen, warmen Platz, kann aber auf Grund der Kurzlebigkeit auch überall anders stehen; **Gießen:** nach Bedarf (Daumenprobe) mit kalkfreiem, zimmerwarmem Wasser gießen; **Düngen:** alle 2 Wochen düngen; **Pflegen:** bei warmem Standort häufig mit entkalktem, zimmerwarmem Wasser sprühen; **Gestaltung:** schöne Einzelpflanze für die Fensterbank, auch zum kurzfristigen Verschönern dunklerer Standorte gut geeignet

## Blütenbegonie

*Begonia-Elatior*-Hybriden
**Höhe/Breite:** 30 cm/25 cm
**Blütezeit:** ganzjährig
**Blütenpflanze für eine Saison**

▶ **reich blühendes Mitbringsel**

**Blüten:** weiß, gelb, rosa, rot, orange; einfach oder gefüllt; **Standort:** hell, (keine Mittagssonne) und warm (nicht unter 18 °C); **Gießen:** regelmäßig nach Bedarf (Daumenprobe) mit entkalktem Wasser gießen; **Düngen:** alle 2 Wochen düngen; **Pflegen:** engen Stand zu anderen Pflanzen vermeiden; bei zu hoher Luftfeuchtigkeit schneller Befall mit Mehltau, 2–3 mal am Tag lüften; **Gestaltung:** üppig blühender Farbtupfer auf der Fensterbank, dem Regal oder einer Konsole

## Alpenveilchen

*Cyclamen persicum*
**Höhe/Breite:** 35 cm/25 cm
**Blütezeit:** August – April
**Blütenpflanze für eine Saison**

▶ **seit Jahren beliebteste Topfpflanze**

**Blüten:** rosa, weiß, violett, rot, marmoriert, mit glattem oder gefranstem Blütenrand; **Standort:** am besten hell und kühl (15 °C); **Gießen:** nach Bedarf (Daumenprobe) in den Untersetzer oder Übertopf gießen; **Düngen:** wöchentlich einmal; **Pflegen:** braune Blätter oder verblühte Teile regelmäßig entfernen (unten fassen und ruckartig ziehen); nicht zu dicht an andere Pflanzen stellen; für frische Luft sorgen; **Gestaltung:** sehr schön in verschiedenfarbigen Gruppen auf dem Fensterbrett oder in Schalen

**EXPERTENTIPP**
***Die Pflanze sollte möglichst nicht umgestellt werden.***

**EXPERTENTIPP**
***Nie direkt auf die Knolle gießen, da Fäulnisgefahr besteht.***

**Diese Topfpflanzen gibt es fast überall preiswert zu kaufen, handelt es sich doch um sehr blühfreudige, allerdings nur kurzlebige Blütenpflanzen.**

## Weihnachtsstern

*Euphorbia pulcherrima*
**Höhe/Breite:** 45–50 cm/40–45 cm
**Blütezeit:** Oktober – Januar
**Blütenpflanze für eine Saison**

▶ **farbenprächtige Hochblätter**

**Blüten:** Blüten selbst klein und unscheinbar, jedoch lebhaft gefärbte Hochblätter; rot, hellrot, lachsrosa, rosa, cremeweiß; **Standort:** hell und warm; vor direkter Sonne schützen; **Gießen:** Wurzelballen gleichmäßig feucht halten, aber Staunässe vermeiden; **Düngen:** nur ein- bis zweimal nach dem Einkauf; **Pflegen:** bei Weiterkultur nach der Blüte stark zurückschneiden, umtopfen und trockener halten; zur Blütenbildung ab Oktober 12 Stunden täglich völlig dunkel halten; **Gestaltung:** schön in Gruppen

## Blaues Lieschen

*Exacum affine*
**Höhe/Breite:** 20 cm/15–20 cm
**Blütezeit:** Juli – September
**Blütenpflanze für eine Saison**

▶ **Blüten duften zart**

**Blüten:** weiß, hellviolett; **Standort:** hell bei Zimmertemperatur, ohne zu starke Sonneneinstrahlung; **Gießen:** nach Bedarf gießen, keinesfalls austrocknen lassen; **Düngen:** ein- bis zweimal Langzeitdünger aufstreuen oder alle 2 Wochen dem Gießwasser Blumendünger zugeben; **Pflegen:** welke Blüten entfernen, um weitere Blütenbildung zu fördern; **Gestaltung:** hübsche buschige Pflanze für schmale Fensterbänke, Küchenfenster oder Tischdekorationen

## Becherprimel

*Primula obconica*
**Höhe/Breite:** 25 cm/13 cm
**Blütezeit:** ganzjährig
**Blütenpflanze für eine Saison**

▶ **beliebter Frühlingsbote**

**Blüten:** violett, hellviolett, weiß, orange; **Standort:** hell, jedoch vor praller Mittagssonne geschützt, möglichst kühl (8–10 °C); **Gießen:** nach Bedarf (Daumenprobe), Staunässe vermeiden; **Düngen:** alle 2 Wochen düngen; **Pflegen:** abgeblühte Stiele möglichst tief abschneiden; **Gestaltung:** für die Fensterbank oder als Tischdekoration, am besten in farblich passendem Übertopf

**GUTE PARTNER**
***Efeu, Bubiköpfchen, Kletterficus***

**EXPERTENTIPP**
***Die Blätter können Hautreizungen verursachen.***

# Fröhliche Farbtupfer

## Schamblume

*Aeschynanthus radicans*
**Länge/Breite:** 50 cm/35–40 cm
**Blütezeit:** Juni – August
**mehrjährige Blatt- und Blütenpflanze**

▶ **blühende Ampelpflanze**

**Blüten:** gelborangefarbene oder leuchtend rote Röhrenblüten; **Standort:** ganzjährig hell und warm (ca. 20 °C); **Gießen:** nach Bedarf (Daumenprobe) mit zimmerwarmem, kalkfreiem Wasser gießen; **Düngen:** mit Düngekegel im Frühjahr oder beim Umtopfen (ca. alle 2 Jahre) Zugabe von Langzeitdünger; **Pflegen:** öfter sprühen; für die Blütenbildung ist es förderlich, die Pflanze im Winter für einen Monat sehr kühl (ca. 15 °C) und trocken zu halten; **Gestaltung:** schöne Ampelpflanze in Fensternähe

**EXPERTENTIPP**
***Ist auch als aufrecht wachsende Topfpflanze im Handel.***

## Hibiskus, Roseneibisch

*Hibiscus rosa-sinensis*
**Höhe/Breite:** bis 3 m/1,5–2 m
**Blütezeit:** März – Oktober
**mehrjähriger Strauch**

▶ **große, tropisch anmutende Blüten**

**Blüten:** rosa, gelb, weiß, orange, karminrot, gefüllt oder ungefüllt; **Standort:** im Sommer (ab Juni) an warmen, sonnigen Platz in den Garten setzen (Topf einsenken); im Winter hell und bei ca. 18 °C; **Gießen:** im Sommer reichlich gießen; im Winter gießen nach Bedarf (Daumenprobe); **Düngen:** einmal in der Woche düngen; **Pflegen:** im Januar/Februar kräftig zurückschneiden und umtopfen; bei trockener Luft im Zimmer häufiger sprühen; **Gestaltung:** Solitärpflanze auf der Fensterbank, größere Exemplare im Wintergarten

**EXPERTENTIPP**
***Eine kühlere und trockene Ruhezeit im Winter fördert die Blütenbildung.***

## Amaryllis, Ritterstern

*Hippeastrum*-Hybriden
**Höhe/Breite:** 60–70 cm/25 cm
**Blütezeit:** Januar – April
**mehrjährige Zwiebelpflanze**

▶ **große, trichterförmige Blüten**

**Blüten:** rot, weiß, orange, rosa, weißrot geflammt; **Standort:** zur Blütezeit hell und warm; **Gießen:** zur Blütezeit mäßig gießen; **Düngen:** zur Blütezeit nicht düngen; **Pflegen:** wenn die Blätter erscheinen, kräftig gießen und einmal wöchentlich düngen, nach ca. 4 Monaten nicht mehr düngen und nur noch wenig gießen; vertrocknende Blätter entfernen und die Pflanze bis Januar dunkel und kühl (16 °C) überwintern; danach auf der warmen, hellen Fensterbank antreiben; **Gestaltung:** herrliche Blickfänge auf Fensterbank und Tisch

**EXPERTENTIPP**
***Auf gute Drainage achten (Tonscherben über das Abzugsloch legen).***

**Blühende Zimmerpflanzen gibt es in den unterschiedlichsten Farben, so dass jeder den noch fehlenden Farbtupfer finden kann.**

## Azalee

*Rhododendron-Simsii*-Hybriden
**Höhe/Breite:** 25 cm/30–40 cm
**Blütezeit:** Dezember – Mai
**mehrjährige Blütenpflanze**

▶ **verschiedene Wuchsformen**

**Blüten:** rosa, rot, rosa-weiß oder rot-weiß gezeichnet, gefüllt oder ungefüllt; **Standort:** zur Blütezeit hell und möglichst kühl (bis 18 °C); im Sommer am besten halbschattig im Freien, sehr kühl (5–10 °C) und hell überwintern; **Gießen:** während der Blüte ausreichend gießen; Wurzelballen nie austrocknen lassen; **Düngen:** nach der Blüte bis August alle 2 Wochen Azaleendünger zugeben; **Pflegen:** nach Öffnen der Blütenknospen umtopfen und wärmer stellen; **Gestaltung:** sehr schön in Gruppen

## Usambaraveilchen

*Saintpaulia ionantha*
**Höhe/Breite:** 10–15 cm/20–25 cm
**Blütezeit:** ganzjährig
**formenreiche Blütenpflanze**

▶ **auch als Minis erhältlich**

**Blüten:** violett, weiß, rosa, auch zweifarbig; Blütenränder wellig oder glatt; **Standort:** hell bis halbschattig und warm (20 °C und darüber); vor praller Sonne schützen; **Gießen:** Wurzelballen mäßig feucht halten (Daumenprobe); zimmerwarmes, kalkfreies Wasser verwenden, Blätter nicht benetzen; **Düngen:** alle 1–2 Wochen düngen; **Pflegen:** leicht durch Blattstecklinge zu vermehren; zur Blütenbildung sind ca. 12 Stunden Licht pro Tag notwendig; **Gestaltung:** für Fensterbänke, Konsolen oder als Tischdekoration

## Weihnachtskaktus

*Schlumbergera*-Hybriden
**Höhe/Breite:** 25–30 cm/45–50 cm
**Blütezeit:** November – Januar
**Blattsukkulente**

▶ **schöne Ampelpflanze**

**Blüten:** scharlachrot, orange, rosa, violett; **Standort:** hell, keine direkte Sonne, warm, im Sommer auch regengeschützt im Freien; **Gießen:** im Sommer Wurzelballen stets feucht halten, kalkfreies Wasser verwenden; **Düngen:** im Sommer alle 2 Wochen düngen; **Pflegen:** benötigt zur Blütenbildung im Herbst oder Anfang Winter eine zweimonatige Ruhezeit bei etwa 10–15 °C und wenig Gießen; **Gestaltung:** wegen der überhängenden gegliederten Stängel am besten erhöht aufstellen oder als Ampelpflanze verwenden

**QUERVERWEISE**
***Pflege besonderer Pflanzen Seite 56***

**EXPERTENTIPP**
***Reagiert sehr empfindlich auf Nässe, Kälte und direkte Sonne.***

**EXPERTENTIPP**
***Sobald Blütenknospen erscheinen, die Pflanze nicht mehr umstellen.***

# Kurzlebige Blütenpracht

## Katzenschwanz

*Acalypha hispida*
**Höhe/Breite:** 35–40 cm/35 cm
**Blütezeit:** Sommer
**Blütenpflanze für eine Saison**

▶ **flaumige, lange Blütenstände**

**Blüten:** rot, rosa, weiß; **Standort:** ganzjährig hell und warm, keine pralle Mittagssonne; hohe Luftfeuchtigkeit; **Gießen:** nach Bedarf mit zimmerwarmem, kalkfreiem Wasser gießen, Wurzelballen nicht austrocknen lassen; **Düngen:** alle 2 Wochen düngen; **Pflegen:** öfter sprühen; Verblühtes gleich entfernen; bei Weiterkultur im Frühjahr in nährstoffreiches Substrat umtopfen; sparrig gewordene Pflanzen zurückschneiden; **Gestaltung:** gut geeignet fürs Fensterbrett; *A. hispaniolae* sehr schöne Ampelpflanze

**EXPERTENTIPP**
***Acalypha-Wilkensiana-Hybriden tragen schön gefärbtes Laub.***

## Pantoffelblume

*Calceolaria*-Hybriden
**Höhe/Breite:** bis 20 cm/ bis 30 cm
**Blütezeit:** März – Mai
**kurzlebige Blütenpflanze**

▶ **stirbt nach der Blüte meist ab**

**Blüten:** gelb, orange, braunrot getigert, pantoffelartig aufgeblasen; **Standort:** hell bis schattig, warm, keine pralle Sonne; luftig; **Gießen:** je wärmer der Standort, desto mehr gießen, Wurzelballen nicht austrocknen lassen; **Düngen:** einmal die Woche mäßig düngen; **Pflegen:** welke Blüten ausbrechen, Pflanze für eine Saison; **Gestaltung:** die kurzlebige Pflanze eignet sich sehr gut zum Beleben dunklerer Standorte, als Tischschmuck und Schalenbepflanzung

**EXPERTENTIPP**
***Beim Kauf auf reichlichen Knospenansatz achten!***

## Ixore

*Ixora coccinea*
**Höhe/Breite:** 25–30 cm/30–40 cm
**Blütezeit:** April – August
**Blütenpflanze für eine Saison**

▶ **dichte, doldige Blütenstände**

**Blüten:** gelb, orange oder rot; **Standort:** warm (20–22 °C), luftfeucht und hell; **Gießen:** während der Blüte nach Bedarf gießen (kalkfreies, zimmerwarmes Wasser verwenden), nicht austrocknen lassen; **Düngen:** alle 2 Wochen düngen; **Pflegen:** bei Weiterkultur nach der Blüte kräftig zurückschneiden, an etwas kühleren Ort stellen (ca. 18 °C), weniger gießen, nicht düngen; Wurzelballen nicht zu sehr auskühlen lassen; auch während der Ruhezeit häufig sprühen; im Frühjahr umtopfen; **Gestaltung:** dekorative Einzelpflanze für die Fensterbank

**EXPERTENTIPP**
***Die Pflanze benötigt eine relativ hohe Luftfeuchtigkeit!***

**Es gibt einige sehr schön blühende Topfpflanzen, die sich wegen ihrer Kurzlebigkeit auch für dunkle Standorte hervorragend als Farbtupfer eignen.**

## Topfrose, Zwergrose

*Rosa chinensis*
**Höhe/Breite:** 30 cm/20 cm
**Blütezeit:** Juni – September
**kurzlebige Blütenpflanze**

▶ **reich blühende Miniaturrosen**

**Blüten:** weiß, gelb, rot, rosa, orange – in hellen und dunkleren Tönungen; **Standort:** möglichst hell bis sonnig und luftig, den Sommer über im Freien, im Winter hell und kühl; **Gießen:** Wurzelballen möglichst gleichmäßig feucht halten; **Düngen:** während der Blüte alle 2 Wochen düngen; **Pflegen:** bei Weiterkultur im Frühjahr zurückschneiden und umtopfen; **Gestaltung:** Farbtupfer in Kübeln und Schalen; auch als Einzelpflanze auf der Fensterbank oder als Tischdekoration

**EXPERTENTIPP**
***Von Topfrosen sind auch Minis im Handel erhältlich.***

## Aschenblume, Cinerarie

*Senecio Cruentus*-Hybriden
**Höhe/Breite:** 30–40 cm/30–40 cm
**Blütezeit:** Frühjahr
**kurzlebige Blütenpflanze**

▶ **zahlreiche große Korbblüten**

**Blüten:** weiß, rot, rosa, violett, braunviolett, auch zweifarbig; **Standort:** hell, luftig und nicht zu warm (um 18 °C); **Gießen:** reichlich gießen, je wärmer der Standort, desto mehr; **Düngen:** alle 2 Wochen düngen; **Pflegen:** für hohe Luftfeuchtigkeit sorgen; **Gestaltung:** herrliche Blütenpflanze für kühle Räume, Treppenhäuser und Dielen; sehr schöne Ton-in-Ton-Kombinationen möglich

**EXPERTENTIPP**
***Beim Kauf noch nicht voll erblühte Pflanzen wählen.***

## Drehfrucht

*Streptocarpus*-Hybriden
**Höhe/Breite:** 25–30 cm/25–30 cm
**Blütezeit:** Mai – September
**Blütenpflanze für eine Saison**

▶ **lang gestielte Trichterblüten**

**Blüten:** violett, aubergine, weiß, lachsfarben, rosa, rot, blau; mit getigertem Schlund; **Standort:** hell bis halbschattig ; im Sommer warm (um 20 °C), im Winter auch etwas kühler (um 15 °C); **Gießen:** nach Bedarf (Daumenprobe); Staunässe vermeiden; **Düngen:** alle 3 Wochen düngen; **Pflegen:** zur Blütenbildung im Frühjahr wärmer und heller aufstellen; sparrige Pflanzen durch Blattstecklinge vermehren; **Gestaltung:** ideale Ergänzung zu dunkellaubigen Blattpflanzen

**EXPERTENTIPP**
***Es gibt kleinblütige, reich blühende und großblütige, einzeln blühende Sorten.***

# Pflegeleicht und trotzdem schön

## Geldbaum

*Crassula ovata*
**Höhe/Breite:** bis 1 m/50 cm
**Blütezeit:** blüht erst im Alter
**sukkulente Blattpflanze**

▶ **im Alter strauchig**

**Blüten:** kleine, weißliche Blütendolden; **Standort:** im Sommer hell, aber nicht vollsonnig (auch regengeschützt im Freien); im Winter hell und kühl; verträgt auch ganzjährig Zimmertemperatur; **Gießen:** nach Bedarf (Daumenprobe) – Staunässe vermeiden; **Düngen:** im Sommer schwach düngen, vor allem wenn die Blätter sehr hell werden; **Pflegen:** bei Bedarf in gut durchlässige Erde umtopfen; standfeste Gefäße verwenden; **Gestaltung:** passt gut in »Sukkulenten-Fenster«; im Alter dekorative Einzelpflanze

## Drachenbaum

*Dracaena*-Arten
**Höhe/Breite:** 0,5–2 m/bis 1 m
**Blütezeit:** blüht in Kultur nicht
**tropische Blattpflanze**

▶ **zahlreiche Arten und Sorten**

**Blätter:** grün, gelb-grün, in Schöpfen auf mehr oder weniger hohen Stämmen stehend; **Standort:** panaschierte Formen hell, grünblättrige auch halbschattig, nicht unter 18 °C, luftig; **Gießen:** nach Bedarf (Daumenprobe), Staunässe unbedingt vermeiden; **Düngen:** im Frühjahr Düngekegel einsetzen oder im Sommer alle 2 Wochen düngen; **Pflegen:** alle 1–2 Jahre umtopfen; lässt sich leicht zurückschneiden; **Gestaltung:** hohe Pflanzen auf den Boden stellen, niedrige auf die Fensterbank oder eine Konsole

## Geigenfeige

*Ficus lyrata*
**Höhe/Breite:** 2–3 m/80 cm
**Blütezeit:** blüht in Kultur nicht
**mehrjährige Blattpflanze**

▶ **größte Ficus-Art**

**Blätter:** groß, glänzend dunkelgrün; **Standort:** hell, ganzjährig bei Zimmertemperatur; **Gießen:** nach Bedarf (Daumenprobe) – verträgt keine Staunässe; **Düngen:** im Frühjahr und Sommer alle 4 Wochen leicht düngen; **Pflegen:** Blätter hin und wieder abwaschen; alle 2–3 Jahre umtopfen, dann gut drainieren (Tonscherben über Abzugsloch) und Langzeitdünger zugeben; **Gestaltung:** dekorative Einzelpflanze, die viel Platz braucht

**EXPERTENTIPP**
***Wird mit zunehmendem Alter immer schöner und buschiger.***

**EXPERTENTIPP**
***Panaschierte Formen brauchen mehr Licht und Wärme als grünblättrige.***

**Für Leute mit wenig Zeit, die aber trotzdem nicht auf schmückendes Grün verzichten wollen, bieten sich vor allem pflegeleichte Blattpflanzen an.**

## Schwertfarn

*Nephrolepis exaltata*
**Höhe/Breite:** 50 cm/60 cm
**Blütezeit:** keine Blütenpflanze
**mehrjährige Blattpflanze**

▶ **in verschiedenen Sorten erhältlich**

**Blätter:** je nach Sorte verschieden lange und unterschiedlich gefiederte Wedel; **Standort:** ganzjährig hell und luftig bei ca. 20 °C; **Gießen:** Wurzelballen gleichmäßig feucht halten, keine Staunässe; **Düngen:** im Frühjahr Düngekegel einsetzen; **Pflegen:** häufig mit kalkfreiem Wasser sprühen; im Sommer ab und an in den Regen stellen oder gelegentlich abduschen; alle 2–3 Jahre umtopfen; **Gestaltung:** schöner Hintergrund zu blühenden Zimmerpflanzen in Schalen oder auf der Fensterbank

## Zimmerbambus

*Pogonatherum paniceum*
**Höhe/Breite:** 50–70 cm/bis 1,2 m
**Blütezeit:** blüht in Kultur kaum
**tropisches Süßgras**

▶ **grazile, überhängende Halme**

**Blätter:** hellgrün; **Standort:** ganzjährig hell bis sonnig, warm (20–25 °C) und etwas luftfeucht; **Gießen:** reichlich gießen, nie austrocknen lassen; **Düngen:** im Sommer einmal wöchentlich düngen; **Pflegen:** häufig in den Morgen- oder Abendstunden sprühen (verträgt aber auch trockenere Luft); jedes Jahr im Frühjahr umtopfen, dann auch Langzeitdünger zugeben; größere Pflanzen teilen; **Gestaltung:** wegen der überhängenden Halme erhöht aufstellen

## Zebrakraut

*Tradescantia zebrina*
**Höhe/Breite:** 20 cm/25 cm
**Blütezeit:** Sommer
**robuste Ampelpflanze**

▶ **Blätter silbrigweiß gestreift**

**Blüten:** klein, weiß bis rötlich; **Standort:** ganzjährig hell, keine direkte Sonne, bei Zimmertemperatur und kühler (bis ca. 15 °C); **Gießen:** bei Bedarf (Daumenprobe) mit kalkfreiem Wasser gießen, Wurzelballen nicht austrocknen lassen; **Düngen:** im Frühjahr und Sommer alle 14 Tage schwach düngen; **Pflegen:** im Frühjahr umtopfen, Langzeitdünger einstreuen; Pflanze kräftig zurückschneiden, um den buschigen Wuchs zu erhalten; **Gestaltung:** schöne Beipflanzung in Schalen und Ampeln

**EXPERTENTIPP**
***Robuster Zimmerfarn, der mit zunehmendem Alter viel Platz braucht.***

**EXPERTENTIPP**
***Die Pflanzen verkahlen leicht, rechtzeitig Jungpflanzen nachziehen.***

# Schön durch auffallende Blätter

## Alokasie, Tropenwurz

*Alocasia*-Arten
**Höhe/Breite:** 1,5 m/0,8–1 m
**Blütezeit:** blüht in Kultur nicht
**tropische Blattpflanze**

▶ **anspruchsvolle Blattpflanze**

**Blätter:** groß, lang gestielt, schildförmig, mit weißer Aderung; **Standort:** hell bis halbschattig, warm (22–25 °C), zugfrei und luftfeucht; **Gießen:** nach Bedarf (Daumenprobe), Wurzelballen darf nicht austrocknen; **Düngen:** einmal im Monat Flüssigdünger zugeben; **Pflegen:** häufig sprühen; kühler (um 18 °C) überwintern; alle 1–2 Jahre in gut durchlässiges Substrat umtopfen; **Gestaltung:** die wunderschöne Färbung und Form der Blätter kommen am besten an exponierter Stelle zur Geltung

## Ziernanas

*Ananas comosus*
**Höhe/Breite:** 50–70 cm/1 m
**Blütezeit:** blüht in Kultur selten
**Erdbromelie**

▶ **verschiedene Zierformen**

**Blüten:** im Alter erscheinen kompakte, rötliche Blütenstände; **Standort:** hell und warm (nicht unter 18 °C); **Gießen:** nach Bedarf (Daumenprobe) mit kalkfreiem, zimmerwarmem Wasser gießen, Wurzelballen nicht austrocknen lassen; **Düngen:** im Sommer alle 4 Wochen düngen; **Pflegen:** öfter sprühen; alle 2–3 Jahre umtopfen; nach der Blüte stirbt die Hauptpflanze ab, dann die Kindel abtrennen und eintopfen; **Gestaltung:** auffällige Solitärpflanze

## Buntwurz, Kaladie

*Caladium-Bicolor*-Hybriden
**Höhe/Breite:** 70 cm/60–70 cm
**Blütezeit:** blüht in Kultur nicht
**tropische Knollenpflanze**

▶ **äußerst attraktive Blattpflanze**

**Blätter:** grün-weiß, rot-grün-weiß, grün-rot marmoriert; durchscheinend; **Standort:** zur Wachstumszeit hell (keine pralle Sonne), warm (ca. 22 °C) und luftfeucht; **Gießen:** zur Wachstumszeit reichlich gießen, Staunässe vermeiden; **Düngen:** im Sommer alle 2 Wochen düngen; **Pflegen:** häufig sprühen; im Herbst ziehen die Blätter ein; Knolle warm und trocken überwintern, im Frühjahr umtopfen, hell, warm und luftfeucht aufstellen und mit dem Gießen beginnen; **Gestaltung:** verschiedenfarbige Sorten miteinander kombinieren

**EXPERTENTIPP**
***Die Pflanze benötigt das ganze Jahr über eine hohe Luftfeuchtigkeit.***

**EXPERTENTIPP**
***Sehr schöne Blattpflanzen, jedoch nicht ganz einfach zu pflegen.***

**Nicht nur Blütenpflanzen bringen Farbe ins Heim – es gibt auch viele Zimmerpflanzen, die durch ihre Blattfarben und -zeichnungen beeindrucken.**

## Kroton, Wunderstrauch

*Codiaeum variegatum*
**Höhe/Breite:** 70 cm/55 cm
**Blütezeit:** blüht in Kultur selten
**buntblättrige Blattpflanze**

▶ **zahlreiche Sorten**

**Blüten:** waagrecht abstehende Blütenstände mit grünlich-weißen Kugelblütchen; **Standort:** ganzjährig hell, warm (nicht unter 18 °C) und luftfeucht, direkte Sonne vermeiden; **Gießen:** nach Bedarf mit kalkfreiem, zimmerwarmem Wasser gießen, Wurzelballen nicht austrocknen lassen; **Düngen:** im Frühjahr Düngekegel einsetzen oder bis in den Herbst etwa alle 4 Wochen düngen; **Pflegen:** öfter sprühen; alle 2–3 Jahre umtopfen; **Gestaltung:** gut geeignet als Beipflanze in Hydrokultur-Kübelpflanzungen

**EXPERTENTIPP**
***Die Farbenpracht der Blätter bleibt nur an hellem Standort erhalten.***

## Keulenlilie

*Cordyline fruticosa*
**Höhe/Breite:** bis 3 m/2 m
**Blütezeit:** blühen erst im Alter
**tropische Blattpflanze**

▶ **keulenförmig verdickte Wurzeln**

**Blätter:** je nach Sorte grün-weiß, grün-gelb, rot-grün, lang gestielt, lanzenförmig; **Standort:** ganzjährig hell (keine pralle Sonneneinstrahlung) und warm (nicht unter 18 °C), luftfeucht; **Gießen:** ganzjährig gleichmäßig feucht halten, Staunässe vermeiden; **Düngen:** zur Wachstumszeit alle 2 Wochen düngen; **Pflegen:** öfter mit kalkfreiem, zimmerwarmem Wasser sprühen; nach Bedarf im Frühjahr umtopfen; **Gestaltung:** sehr schön in Kombination mit hellgrünen, kleinblättrigen Blattpflanzen

**EXPERTENTIPP**
***Bei zu trockener Luft schnell Schädlingsbefall.***

## Schraubenbaum

*Pandanus veitchii*
**Höhe/Breite:** 2 m/2 m
**Blütezeit:** blüht in Kultur nicht
**tropische Blattpflanze**

▶ **bedornter Blattschopf**

**Blätter:** weiß-grün gestreift, lang, schmal, bedornt; **Standort:** sonnig bis hell (keine pralle Mittagssonne), warm, luftfeucht; **Gießen:** nach Bedarf (Daumenprobe), Wurzelballen nicht austrocknen lassen; **Düngen:** im Sommer wöchentlich düngen; **Pflegen:** jüngere Pflanzen jährlich umtopfen, ältere nur, wenn der Ballen vollständig durchwurzelt ist; bildet im Alter Stelzwurzeln, die die Pflanze mit der Zeit aus dem Topf heben; **Gestaltung:** schmückende Blattpflanze für große Hydrokultur-Schalen

**EXPERTENTIPP**
***Wird mit zunehmendem Alter immer ausladender – Vorsicht Dornen!***

# Elegante und beliebte Einzelpflanzen

## Attraktive Blütenpflanzen

| Name | Blütenfarbe | Blütezeit |
|---|---|---|
| Känguruhpfote *Anigozanthos flavidus* | rot | Sommer |
| Spitzblume *Ardisia crenata* | weiß | Frühsommer |
| Losbaum *Clerodendrum thomsoniae* | weiß-rot | Frühjahr–Sommer |
| Klivie *Clivia miniata* | orangerot | Frühjahr |
| Ruhmeskrone *Gloriosa rothschildiana* | rot-gelb | Sommer |
| Medinille *Medinilla magnifica* | rosarot | Frühjahr–Sommer |
| Blutblume *Scadoxus multiflorus* | orangerot | Sommer |
| Paradiesvogelblume *Strelitzia reginae* | orange-lila | Winter–Frühjahr |

## Attraktive Blattpflanzen

| Name | Wuchsform | Blätter |
|---|---|---|
| Frauenhaarfarn *Adiantum*-Arten | buschig | Wedel vielfältig gefiedert |
| Zimmertanne *Araucaria heterophylla* | aufrecht, mit waagerecht abstehenden Zweigen | nadelartig, dunkelgrün |
| Kaffeebaum *Coffea arabica* | strauchig – baumartig | glänzend dunkelgrün, leicht gewellt |
| Zimmerzypresse *Cupressus macrocarpa* | säulenförmig | nadelartig, hellgrün |
| Leea *Leea amabilis* | strauchig | gefiedert, dunkelrot |
| Pisonie *Pisonia umbellifera* | strauchig | groß, grünweiß |
| Bootspflanze *Tradescantia spathacea* | rosettartig angeordnete Blätter | schwertförmig, gelbgrün mit roter Unterseite |

## Fischschwanzpalme

*Caryota mitis*
**Höhe/Breite:** 1,5 m/1–1,5 m
**Blütezeit:** blüht in Kultur selten
**doppelt gefiederte Palme**

▶ **außergewöhnliche Blattform**

**Blätter:** Wedel doppelt gefiedert, Fiederblättchen fischschwanzähnlich, dunkelgrün; **Standort:** ganzjährig warm (um 20 °C) und hell, keine direkte Mittagssonne, luftfeucht; **Gießen:** nach Bedarf, der Wurzelballen sollte oberflächlich leicht feucht, aber nicht nass sein; **Düngen:** im Sommer alle 2 Wochen düngen; **Pflegen:** für hohe Luftfeuchte sorgen, öfter sprühen; im Frühjahr nur umtopfen, wenn der Ballen stark durchwurzelt ist; **Gestaltung:** wie alle hoch wachsenden Pflanzen am besten auf den Boden stellen

## Palmfarn, Sagopalme

*Cycas revoluta*
**Höhe/Breite:** 2 m/3 m
**Blütezeit:** blüht in Kultur nicht
**tropische Blattpflanze**

▶ **wächst langsam**

**Blätter:** kranzförmig angeordnete, dunkelgrüne, tief eingeschnittene Blattwedel; **Standort:** im Sommer luftig, hell, aber nicht vollsonnig im Freien; im Winter hell und kühl (ca. 15 °C); **Gießen:** im Sommer kräftig gießen, im Winter nach Bedarf; **Düngen:** im Sommer alle 2 Wochen düngen; **Pflegen:** im Sommer häufig sprühen; wenn der Ballen vollständig durchwurzelt ist, im Frühjahr umtopfen; **Gestaltung:** verbreitet tropisches Ambiente auf dem Balkon oder im Wintergarten

**EXPERTENTIPP**
***Die Pflanze braucht ständige Pflege, für »Vielreisende« nicht geeignet.***

**GUTE PARTNER**
***Oleander, Bougainvillee***

**Diese Pflanzen brauchen einen besonderen Platz in der Wohnung, denn sie sind in jeder Hinsicht eine Augenweide.**

## Zypergras

*Cyperus*-Arten
**Höhe/Breite:** 1,5–2 m/80 cm
**Blütezeit:** Frühjahr
**Sumpfpflanze**

▶ **anmutiges Grasgewächs**

**Blüten:** kleine unscheinbare Grasblütchen; **Standort:** hell oder halbschattig, warm; im Winter etwas kühler (um 18 °C); **Gießen:** *C. alternifolius* reichlich gießen (Wasser im Untersetzer stehen lassen); *C. albostriatus* braucht nur ständig feuchten Wurzelballen; **Düngen:** im Sommer alle 14 Tage düngen; **Pflegen:** im Frühjahr umtopfen, dabei Pflanzen teilen, um kräftigeres Laub zu erhalten; öfter sprühen; **Gestaltung:** verschieden große Arten und Sorten kombinieren

## Birkenfeige

*Ficus benjamina*
**Höhe/Breite:** bis 5 m/2 m
**Blütezeit:** blüht in Kultur nicht
**mehrjährige Blattpflanze**

▶ **sehr große Sortenvielfalt**

**Blätter:** grün, weiß-grün panaschiert, dunkelgrün-hellgrün panaschiert; **Standort:** das ganze Jahr über hell (möglichst Licht von mehreren Seiten) bei Zimmertemperatur; **Gießen:** im Sommer nach Bedarf gießen; im Winter nur gießen, wenn die Ballenoberfläche trocken ist; **Düngen:** im Frühjahr Düngekegel einsetzen; **Pflegen:** wenn der Ballen durchwurzelt ist, im Frühjahr umtopfen; Blätter öfter einsprühen; **Gestaltung:** braucht ausreichend Platz, um zur Geltung zu kommen

## Zimmerlinde

*Sparmannia africana*
**Höhe/Breite:** 2 m/1 m
**Blütezeit:** Januar – März
**mehrjährige Blatt- und Blütenpflanze**

▶ **altbekannte Solitärpflanze**

**Blüten:** weiß, in Dolden; **Standort:** ganzjährig kühl (15–20 °C), hell und luftig; im Winter besser noch kühler (5–10 °C); **Gießen:** reichlich gießen (Boden sollte immer feucht sein), Staunässe vermeiden; **Düngen:** im Frühjahr und Sommer wöchentlich düngen, den Winter über zwei- bis dreimal in großen Abständen; **Pflegen:** im Frühjahr jüngere Pflanzen umtopfen, ältere nur, wenn der Ballen durchwurzelt ist; Rückschnitt möglich; **Gestaltung:** sehr schöner Zimmerbaum für große helle Räume

**EXPERTENTIPP**

***Zypergras nie austrocknen lassen, für hohe Luftfeuchtigkeit sorgen.***

**EXPERTENTIPP**

***Blattfall bei zu kühlem oder dunklem Stand, Trockenheit oder Zugluft.***

# Reizvolle Schling- und Ampelpflanzen

## Zierspargel

*Asparagus*-Arten
**Höhe/Breite:** 50–60 cm/60–70 cm
**Blütezeit:** Sommer
**nadelförmige Belaubung**

**▶ filigrane Blattwedel**

**Blüten:** klein, weiß; **Standort:** hell bis halbschattig, zimmerwarm (vor direkter Sonne schützen); im Winter wenn möglich etwas kühler; **Gießen:** Wurzelballen nie austrocknen lassen; bei kühleren Temperaturen weniger gießen; **Düngen:** im Frühjahr Düngekegel einsetzen oder den Sommer über alle 14 Tage düngen; **Pflegen:** wenn der Ballen völlig durchwurzelt ist, im Frühjahr umtopfen; **Gestaltung:** ebenso wie Farne bilden die verschiedenen *Asparagus*-Arten und -Sorten einen dekorativen Hintergrund für blühende Pflanzen

## Kolumnee

*Columnea*-Hybriden
**Länge/Breite:** 60 cm/40–50 cm
**Blütezeit:** meist Frühjahr
**dekorative Ampelpflanze**

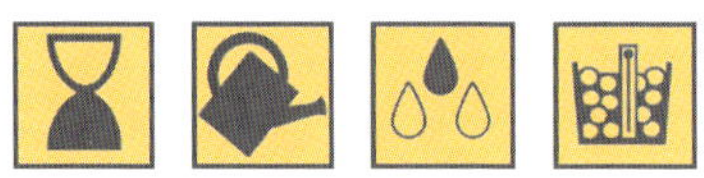

**▶ sehr sortenreich**

**Blüten:** orangerot, gelb; **Standort:** ganzjährig hell bis halbschattig, warm; **Gießen:** zur Wachstumszeit reichlich gießen, Wurzelballen nie austrocknen lassen; zimmerwarmes, kalkfreies Wasser verwenden; **Düngen:** zur Wachstumszeit schwach düngen; **Pflegen:** für hohe Luftfeuchtigkeit und Bodenwärme sorgen; alle 2 Jahre nach der Blüte in gut durchlässiges Substrat umtopfen; **Gestaltung:** sehr schöne Ampelpflanzen in Fensternähe

## Wachsblume

*Hoya*-Arten
**Länge/Breite:** 2 m/40–50 cm
**Blütezeit:** April – September
**immergrüne Kletterpflanze**

**▶ stark duftende Blüten**

**Blüten:** weiß *(H. bella)* oder rosa *(H. carnosa)* mit rotem Fleck in der Mitte, in großen Dolden; **Standort:** ganzjährig warm, hell bis sonnig (keine direkte Mittagssonne ); *H. carnosa* im Winter auch kühler (10–15 °C); **Gießen:** nach Bedarf (Daumenprobe), Staunässe vermeiden; **Düngen:** im Frühjahr Düngekegel einsetzen; **Pflegen:** gelegentlich sprühen; für Kletterhilfe sorgen; alle 2–3 Jahre umtopfen; Blütenstände nach der Blüte nicht abknipsen; **Gestaltung:** als Kletter- oder Ampelpflanze zu verwenden

**EXPERTENTIPP**

***In vielen Arten und Sorten erhältlich; viele für Ampeln geeignet.***

**EXPERTENTIPP**

***C.hirta und C.x kewensis brauchen ca. 8 Wochen kühle Ruhezeit im Winter.***

**EXPERTENTIPP**

***H.carnosa ist robuster als H.bella, zur Blütezeit allerdings nicht umstellen.***

**Diese Pflanzen brauchen aufgrund ihrer Wuchsform ein erhöhtes Plätzchen, eine Ampel oder ein Klettergerüst.**

## Jasmin

*Jasminum officinale*
**Länge/Breite:** bis 3 m/25 cm
**Blütezeit:** Juni – September
**immergrüne Kletterpflanze**

▶ **stark duftende Blüten**

**Blüten:** weiß; **Standort:** hell, aber nicht vollsonnig, mäßig warm und luftig; im Sommer auch regen- und windgeschützt auf der Terrasse; **Gießen:** nach Bedarf mit kalkfreiem, zimmerwarmem Wasser gießen; **Düngen:** im Sommer alle 2 Wochen düngen; **Pflegen:** zur Blütenbildung ist eine kühle, helle Überwinterung notwendig (bei etwa 10 °C); in dieser Zeit nicht so häufig gießen; im Frühjahr umtopfen; braucht eine Rankhilfe; **Gestaltung:** mit dunkellaubigen Blattrankern kombinieren; wirkt einzeln stehend sehr filigran

**EXPERTENTIPP**
***Ohne kalkfreies Wasser und Winterruhe bleibt der Wuchs schwach.***

## Passionsblume

*Passiflora caerulea*
**Länge/Breite:** 3–4 m/15 cm
**Blütezeit:** Juni – September
**blühende Rankpflanze**

▶ **außergewöhnlicher Blütenaufbau**

**Blüten:** weiß/blau, rosa bis violett; **Standort:** ganzjährig hell bis sonnig, im Sommer auch windgeschützt im Freien; im Winter kühl (bei ca. 10–15 °C) und luftig; **Gießen:** im Sommer reichlich gießen, im Winter Wurzelballen nicht austrocknen lassen; **Düngen:** im Sommer wöchentlich einmal düngen; **Pflegen:** nach Bedarf im Frühjahr in gut durchlässige Erde umtopfen; benötigt unbedingt eine Rankhilfe; **Gestaltung:** vor allem zur Blütezeit beeindruckende Rankpflanze

**EXPERTENTIPP**
***Lässt sich sehr schön an verschiedenen Rankhilfen entlangleiten.***

## Kranzschlinge

*Stephanotis floribunda*
**Länge/Breite:** 1,5 m/20–25 cm
**Blütezeit:** Juni – September
**anspruchsvolle Rankpflanze**

▶ **stark duftende Blüten**

**Blüten:** weiß, in großen Dolden; **Standort:** ganzjährig hell und luftig; im Frühjahr/Sommer warm, im Herbst/Winter kühl (um 13 °C); **Gießen:** im Sommer reichlich gießen, jedoch keine Staunässe; im Winter Wurzelballen nicht austrocknen lassen; **Düngen:** zur Wachstumszeit alle 2 Wochen gut düngen; **Pflegen:** ab und zu sprühen; alle 2–3 Jahre im Frühjahr umtopfen; bei verkahlenden Pflanzen die Triebe kräftig zurückschneiden; **Gestaltung:** zur Blütezeit sehr attraktive Einzelpflanze

**EXPERTENTIPP**
***Blüht nicht ohne kühle Ruheperiode im Winter.***

# Orchideen – die Königinnen der Blütenpflanzen

## Orchideen für die Zimmerkultur

| Name | Blütenfarbe | Blütezeit |
|---|---|---|
| **Cattleyen** | | |
| *Cattleya bowringiana* | purpur, gelb, dunkelrot | Oktober–November |
| *Cattleya labiata* | rosa, violett, rot, orangerot | Oktober–November |
| **Dendrobium-Orchideen** | | |
| *Dendrobium nobile* | weiß, purpurrot | März–Juni |
| *Dendrobium phalaenopsis* | dunkellilarot | August–Dezember |
| **Laelia-Orchideen** | | |
| *Laelia anceps* | rosa, violett, gelb | Dezember–Februar |
| *Laelia purpurata* | rosa, zinnoberrot | Mai–Juni |
| **Stiefmütterchenorchideen** | | |
| *Miltonia candida* | gelb-braun gefleckt, weiß, violett | August–November |
| *Miltonia spectabilis* | weiß, purpur | August |
| **Zahnzunge-Orchideen** | | |
| *Odontoglossum bictoniense* | rosa, gelb-grün-rotbraun | September–Oktober |
| *Odontoglossum maculatum* | gelb-braun | März–April |
| **Schmetterlingsorchideen** | | |
| *Oncidium ornithorhynchum* | rosa | Oktober–November |
| *Oncidium splendidum* | gelb, rotbraun gefleckt | Oktober–Dezember |
| **Frauenschuh-Orchideen** | | |
| *Paphiopedilum callosum* | grün, rot, rotbraun | Februar–März |
| *Paphiopedilum insigne* | gelb/gelbgrün mit hellbraunen Streifen | November–März |
| **Falterorchideen** | | |
| *Phalaenopsis amabilis* | weiß, gelb, rot gestreift | Oktober–Februar |
| *Phalaenopsis stuartiana* | weiß, rotbraun, grün | Januar–März |

## Cattleye

*Cattleya*-Arten
**Höhe/Breite:** je nach Art verschieden
**Blütezeit:** je nach Art unterschiedlich
**epiphytisch wachsende Orchidee**

▶ **blüht wochenlang**

**Blüten:** bis 18 cm Ø; rosa, lila, gelb, gelb-grün, rot, mehrfarbig, oft geadert; **Standort:** hell bis sonnig, luftig, warm (22 °C); in der Ruhezeit kühler (12–15 °C); **Gießen:** nur gießen, wenn das Substrat wirklich trocken ist; **Düngen:** alle 4 Wochen mit Blumendünger in halber Konzentration; **Pflegen:** Ruhezeit berücksichtigen, sonst keine Blütenbildung; umtopfen alle 3 Jahre mit Beginn des Wurzelwachstums; **Gestaltung:** Orchidee in ein Holzkörbchen oder auf einen Epiphytenstamm setzen

## Kahnlippe

*Cymbidium*-Arten
**Höhe/Breite:** je nach Art verschieden
**Blütezeit:** Frühjahr/Sommer
**terrestrisch wachsende Orchidee**

▶ **ca. 50 Arten**

**Blüten:** weiß, gelb, orange, rosa, rot, violett, braun, grün, in den verschiedensten Mischungen; **Standort:** luftig, hell, sonnig, möglichst Wintergarten (hohe Tages- und niedrige Nachttemperatur), im Sommer tagsüber 20 °C, nachts 12–16 °C, im Winter 7–12 °C; luftfeucht; **Gießen:** nach Bedarf, Substrat aber nicht ganz austrocknen lassen; **Düngen:** alle 4 Wochen Orchideendünger zugeben; **Pflegen:** umtopfen, wenn das Substrat des Topfes zersetzt ist; **Gestaltung:** attraktive Einzelpflanze

**EXPERTENTIPP**
***Bei allen Orchideen genaue Pflegehinweise beim Kauf erfragen.***

**An Eleganz, Schönheit und Farbenpracht sind Orchideen nicht zu überbieten – leider sind die meisten von ihnen sehr heikle Zimmerpflanzen.**

## Stiefmütterchenorchidee

*Miltonia*-Arten
**Höhe/Breite:** je nach Art verschieden
**Blütezeit:** je nach Art unterschiedlich
**epiphytisch wachsende Orchidee**

▶ **robuste Orchideengattung**

**Blüten:** gelb, rosa, weiß, grün, gemustert; klein- und großblütige Arten und Züchtungen; **Standort:** hell bis halbschattig, warm, keine direkte Sonne; hohe Luftfeuchte; **Gießen:** gleichmäßig mit Wasser versorgen; verträgt weder Trockenheit noch Nässe; **Düngen:** bei jedem Gießen Orchideendünger zugeben; **Pflegen:** nach der Blüte den Stiel abschneiden; umtopfen, wenn das Substrat zersetzt ist; Pflanze nicht direkt besprühen; **Gestaltung:** als Ampelpflanze in Holzkorb setzen oder auf Baumstamm aufbinden

## Frauenschuh

*Paphiopedilum*-Arten
**Höhe/Breite:** je nach Art verschieden
**Blütezeit:** je nach Art unterschiedlich
**terrestrische Orchidee**

▶ **viele Arten und Züchtungen**

**Blüten:** oft gelb/grün/dunkelrot gemustert; blühen mehrere Wochen lang; **Standort:** je nach Art kühl und hell oder halbschattig und warm – beim Kauf nach genauen Pflegemaßnahmen fragen; **Gießen:** nur gießen, wenn das Substrat trocken ist, in der Ruhezeit nicht gießen; **Düngen:** nur während der Wachstumsphase dem Gießwasser Orchideendünger zugeben; **Pflegen:** einmal im Jahr in Blumenerde umtopfen; Pflanzen nur teilen, wenn sie von selbst auseinanderfallen; **Gestaltung:** in ein breites Pflanzgefäß setzen

## Falterorchidee

*Phalaenopsis*-Arten
**Höhe/Breite:** je nach Art verschieden
**Blütezeit:** je nach Art unterschiedlich
**epiphytisch wachsende Orchidee**

▶ **zahlreiche Arten und Züchtungen**

**Blüten:** weiß, rosa, gelb, lila, bunt gemustert, braun-rot, braun, grün; **Standort:** warm (tagsüber 22–25 °C, nachts 17 °C), hell (keine pralle Sonne) und luftfeucht; in der Ruhezeit etwas kühler; **Gießen:** nur wenn das Substrat trocken ist (Daumenprobe), in der Ruhezeit nicht gießen; **Düngen:** in der Wachstumszeit jedem Gießen Dünger beimischen; **Pflegen:** alle 2 Jahre zu Beginn der Wachstumszeit umtopfen; nach der Blüte 2/3 des Stieles stehen lassen; **Gestaltung:** schön in Kombination mit Farnen und Bromelien

**EXPERTENTIPP**
***Die Wachstumszeit ist erkennbar am Neuaustrieb von Wurzeln und Blättern.***

**EXPERTENTIPP**
***Orchideen nur in einem Gefäß und blühend kaufen.***

# Halbschattiger Standort

**An den Stellen in der Wohnung, an denen sich Sonne und Licht etwas rarer machen, muss man noch lange nicht auf Zimmerpflanzen und freundliches Grün verzichten.**

Jeder, der seine Wohnung in Sachen Helligkeit schon einmal kritisch unter die Lupe genommen hat, musste feststellen, dass längst nicht alle Räume den ganzen Tag von Licht durchflutet oder von der Sonne ausgiebig beschienen werden.

### Was ist ein halbschattiger Standort?

In Zahlen ausgedrückt entspricht der halbschattige Standort einer Lichtintensität von 1000 bis 2000 Lux.
Wenn man bedenkt, dass an einem trüben Novembertag gerade einmal 500 Lux im Zimmer erreicht werden, so ist der halbschattige Standort keineswegs richtig dunkel, oftmals ist der Übergang von einem hellen zu einem halbschattigen Standort sogar fließend.

### Wo liegen halbschattige Standorte?

Hell bis halbschattig liegen in der Regel nach Norden gerichtete Räume wie Bad, Küche, Arbeitszimmer oder Hauseingänge.
Wenn die Wohnung große, ungeteilte Fenster hat, relativ frei steht oder sich in den obersten Stockwerken befindet, dann ist es dort halbschattig, wo

- die Sonne nur wenige Stunden ins Zimmer scheint,
- die Pflanzen 1–1,5 m vom Fenster entfernt stehen,
- das Licht nur indirekt einfällt (zum Beispiel direkt unter dem Fenster oder neben dem Fenster).

Hat die Wohnung eher kleine Fenster, steht nicht so frei (Richtung Hinterhof mit hohen Bäumen oder dunklen Hauswänden) oder liegt sie in einem der untersten Stockwerke, so können Sie davon ausgehen, dass alle Standorte – außer denen direkt am Fenster – halbschattig oder schattig sind.

### Je dunkler, desto kühler

Da an halbschattigen und schattigen Standorten die meisten Pflanzen langsamer wachsen, sollte man das ausnützen und diese Standorte – wenn möglich – auch gleichzeitig kühler halten.
Auch Gießen und Düngen können an dunklen Standorten meist reduziert werden.

***Die meisten Farne gedeihen am besten an einem halbschattigen bis hellen, feucht-warmen Standort.***

# Schattiger Standort

**Es gibt Zimmerpflanzen, die mit geradezu minimalen Lichtmengen auskommen. Wie die Wüstenpflanzen haben auch sie Strategien entwickelt, um unter extremen Umweltbedingungen zu überleben.**

Laut Gärtnerlexikon hat das Licht an schattigen Standorten eine Intensität von etwa 1000 Lux, also nur noch ein Viertel der Intensität, wie wir sie an einem Platz in unmittelbarer Nähe des Fensters zur Verfügung haben.

### Wo ist ein schattiger Standort?

Schattige Plätze finden wir vor, wenn

- ▶ den ganzen Tag die Sonne nicht ins Zimmer scheint (auch im Sommer nicht),
- ▶ Zimmer mit ihrer Fensterfront zu einem dunklen Hinterhof hinausgehen,
- ▶ die Pflanzen mehr als zwei Meter von einem größeren Fenster entfernt stehen,
- ▶ das Zimmer kleine Fenster hat,
- ▶ die Wohnungseinrichtung viel Licht schluckt (durch dunkle oder stark gemusterte Wände oder/und Fußböden, dunkle Möbel, viele Gegenstände im Zimmer, Gardinen vor den Fenstern).

### Was zu beachten ist

Viele Pflanzen, die auch noch an einem schattigen Standort gut gedeihen, ja sogar den schattigen Standort bevorzugen, stammen aus dem tropischen Regenwald, wo sie unter dem dichten Blätterdach großer Bäume zu Hause sind.

- ▶ Pflanzen, die aus Dschungelgebieten stammen, kommen zwar den Sommer über mit einem relativ dunklen Standort zurecht, im Winter aber, wenn die Tage kürzer und trüber sind, sollten sie für ein paar Wochen an einen helleren Platz kommen.
- ▶ Pflanzen, die normalerweise hell stehen, können auch für kurze Zeit an einen weniger hellen Platz gestellt werden. Schattenliebende Pflanzen dagegen vertragen einen plötzlichen Wechsel vom schattigen zum hellen Standort meist nur sehr schlecht. Sie sollten daher langsam an den helleren Standort gewöhnt werden.
- ▶ Das Gleiche gilt, wenn man die Pflanzen den Sommer über ins Freie stellen will.
- ▶ Pralle Sonne wird von Schatten liebenden Pflanzen überhaupt nicht vertragen. Ihre Blätter verbrennen im wahrsten Sinne des Wortes an der Sonne.

***Schattige Standorte können mit kurzlebigen Blütenpflanzen (hier z.B. Aschenblume) je nach Saison verschönert werden.***

# Robuste Zimmerpflanzen

## Schusterpalme

*Aspidistra elatior*
**Höhe/Breite:** 1 m/0,8–1 m
**Blütezeit:** blüht in Kultur selten
**robuste Blattpflanze**

▶ **bildet dichte Horste**

**Blätter:** dunkelgrün glänzend, derb; **Standort:** schattig bis hell, keine pralle Sonne, 16–20 °C und luftig; **Gießen:** nach Bedarf (Daumenprobe), Staunässe meiden; **Düngen:** im Frühjahr Düngekegel setzen oder im Sommer alle 1–2 Wochen düngen; **Pflegen:** für gute Frischluftzufuhr sorgen; Blätter öfter einmal feucht abwischen; umtopfen, wenn Ballen durchwurzelt ist (im Frühjahr oder Sommer), dann auch Teilung der Rhizome möglich; **Gestaltung:** wegen der überhängenden Blätter erhöht stellen

## Nestfarn

*Asplenium nidus*
**Höhe/Breite:** 50–60 cm/60–70 cm
**Blütezeit:** keine Blütenpflanze
**epiphytischer Farn**

▶ **trichterförmige Blattrosette**

**Blätter:** hellgrüne, glänzende, ungefiederte Blattwedel; **Standort:** schattig bis halbschattig, warm (um 20 °C), luftfeucht; **Gießen:** nach Bedarf, am besten mit kalkfreiem Wasser; **Düngen:** Zugabe von Langzeitdünger beim Umtopfen reicht aus; **Pflegen:** öfter sprühen; umtopfen alle 2–3 Jahre, wenn der Ballen durchwurzelt ist; der Ballen sollte immer warm sein, deshalb bei zugigen Plätzen Styropor oder Korkplatte unterlegen; **Gestaltung:** schöne Pflanze fürs Badezimmer

## Drachenbaum

*Dracaena marginata*
**Höhe/Breite:** 1,5 m/60 cm
**Blütezeit:** blüht in Kultur nicht
**robuste Drazäne**

▶ **palmenartige Blattschöpfe**

**Blätter:** dunkelgrün mit rotem Rand; **Standort:** schattig bis halbschattig; Zimmertemperatur oder etwas kühler (bis 15 °C); **Gießen:** nach Bedarf, Staunässe vermeiden; **Düngen:** im Frühjahr Langzeitdünger geben; **Pflegen:** umtopfen, wenn der Ballen durchwurzelt ist; **Gestaltung:** schöne Solitärpflanze für Zimmerecken oder neben dem Sofa

**EXPERTENTIPP**
***Sorten mit grün-weiß gestreiften Blättern heller stellen.***

**EXPERTENTIPP**
***An hellem, lufttrockenem Standort rasch Schildlausbefall.***

**EXPERTENTIPP**
***Alle anderen Dracaena-Arten benötigen einen hellen Standort.***

**Robust heißt nicht vernachlässigbar – auch diese Pflanzen benötigen etwas Pflege, um gut gedeihen und wachsen zu können.**

## Efeuaralie

*x Fatshedera lizei*
**Höhe/Breite:** 1 m/50 cm
**Blütezeit:** blüht in Kultur nicht
**Kreuzung aus Efeu und Aralie**

▶ **auch gelbbunte Sorten**

**Blätter:** ledrig, derb, handförmig gelappt, dunkelgrün; **Standort:** schattig bis hell, eher kühl und luftig; im Winter sehr kühl (um 10 °C); **Gießen:** nach Bedarf, Ballen nie austrocknen lassen; **Düngen:** im Frühjahr und Sommer alle 2 Wochen düngen; **Pflegen:** bei Aufenthalt im warmen Zimmer häufig lüften und ab und zu sprühen; junge Pflanzen jährlich, ältere alle 2–3 Jahre umtopfen, dabei auch Rückschnitt möglich, um buschigeren Wuchs zu erzielen; **Gestaltung:** schöner Hintergrund zu blühenden Pflanzen in Schalen

**EXPERTENTIPP**
***Weiß- oder gelbbunte Sorten müssen heller stehen.***

## Zimmeraralie

*Fatsia japonica*
**Höhe/Breite:** bis 2 m/1–1,5 m
**Blütezeit:** blüht in Kultur selten
**altbekannte Blattpflanze**

▶ **wächst rasch**

**Blätter:** groß, handförmig geteilt, dunkelgrün glänzend; **Standort:** schattig bis hell, nicht sonnig, luftig und kühl (16–20 °C im Sommer, 6–10 °C im Winter); **Gießen:** Ballen stets leicht feucht halten, im Winter etwas weniger gießen; **Düngen:** von Frühjahr bis Herbst alle 2 Wochen düngen; **Pflegen:** umtopfen im Frühjahr, wenn der Ballen völlig durchwurzelt ist; im Alter nicht mehr zurückschneiden; **Gestaltung:** Einzelpflanze, die viel Platz benötigt; im Sommer auch an schattigem Platz auf Balkon oder Terrasse

**EXPERTENTIPP**
***Die panaschierten Arten brauchen mehr Licht und höhere Temperaturen.***

## Einblatt

*Spathiphyllum* Arten
**Höhe/Breite:** bis 1 m/50–80 cm
**Blütezeit:** März – September
**staudige Blütenpflanze**

▶ **elegante Blütenstände**

**Blüten:** weiß, grün-weiß; **Standort:** schattig bis hell, keine pralle Sonne, warm (18–20 °C), luftfeucht; **Gießen:** von Frühjahr bis Herbst Ballen immer etwas feucht halten, Staunässe und Ballentrockenheit vermeiden; im Winter weniger gießen; **Düngen:** von Frühjahr bis Herbst alle 4 Wochen düngen; **Pflegen:** häufig sprühen; umtopfen bei durchwurzelten Ballen im Frühjahr; **Gestaltung:** beliebteste Pflanze für große Hydrokultur-Pflanzungen

**EXPERTENTIPP**
***In unterschiedlich hohen Sorten erhältlich.***

# Schattenverträgliche Kletter- und Ampelpflanzen

## Zimmerwein, Klimme

*Cissus*
**Länge/Breite:** bis 5 m/40–70 cm
**Blütezeit:** blüht in Kultur nicht
**starkwüchsige Rankpflanze**

▶ **Kletter- oder Ampelpflanze**

**Blätter:** Russischer Wein *(C. antarctica)* mit flaumigen, gekerbten Blättern und Königswein *(C. rhombifolia)* mit glänzenden rhombischen oder gefiederten Blättern ('Ellen Danica'); **Standort:** halbschattig bis schattig und nicht zu warm (16–20 °C); **Gießen:** nur nach Bedarf (keine Staunässe!), zimmerwarmes Wasser verwenden; **Düngen:** im Frühjahr/Sommer alle 2 Wochen düngen; **Pflegen:** bei aufrechtem Wuchs Rankhilfe anbieten; umtopfen alle 2–3 Jahre; Rückschnitt möglich; **Gestaltung:** eignet sich sehr gut als Raumteiler

**EXPERTENTIPP**

***Braune Blätter und Verkahlen bei Nässe, Kühle und zu wenig Licht.***

## Grünlilie

*Chlorophytum comosum*
**Länge/Breite:** 1 m/60 cm
**Blütezeit:** Frühjahr/Sommer
**wuchsfreudige Ampelpflanze**

▶ **meterlange Blütentriebe**

**Blüten:** klein, weiß, an langen, bogigen Trieben; **Standort:** schattig bis hell, keine speziellen Temperaturansprüche; **Gießen:** nach Bedarf, Wurzelballen sollte nicht austrocknen; **Düngen:** im Frühjahr Düngekegel setzen oder im Sommer alle 2 Wochen düngen; **Pflegen:** umtopfen, wenn die Wurzeln aus dem Topf drücken; die zahlreichen Kindel lassen sich leicht in Wasser bewurzeln; **Gestaltung:** schöne, aber schnell dominant werdende Ampelpflanze, die ausreichend Platz benötigt

**EXPERTENTIPP**

***Gut für Einsteiger geeignet.***

## Kletterficus, Kletterfeige

*Ficus pumila*
**Länge/Breite:** 50 cm/20 cm
**Blütezeit:** blüht in Kultur nicht
**robuste Ficus-Art**

▶ **aparte Ampelpflanze**

**Blätter:** rundlich-herzförmig, dunkelgrün, auch panaschierte Formen erhältlich; **Standort:** hell bis schattig, eher kühl (16–20 °C) und luftig; **Gießen:** nach Bedarf, Staunässe vermeiden; **Düngen:** im Frühjahr und Sommer ab und zu düngen oder im Frühjahr Düngekegel setzen; **Pflegen:** umtopfen im Frühjahr, wenn der Ballen durchwurzelt ist; wenn sie aufrecht wachsen soll, an Moosstab aufbinden; **Gestaltung:** beliebte Beipflanzung in Schalen, Ampelpflanze oder Bodendecker

**EXPERTENTIPP**

***Panaschierte Formen benötigen einen hellen, etwas wärmeren Standort.***

**Auch Treppenhäuser und Dielen, im Raum stehende Regale oder Raumteiler können noch mit üppig wachsenden Blattpflanzen begrünt werden.**

## Zimmerefeu

*Hedera*-Arten
**Länge/Breite:** 1 m/20–40 cm
**Blütezeit:** blüht in Kultur kaum
**robuste Kletterpflanze**

▶ **große Sortenvielfalt**

**Blätter:** sehr unterschiedliche Blattformen und -farben; **Standort:** grünlaubige Sorten hell bis schattig, panaschierte hell bis halbschattig; ganzjährig eher kühl (um 16–20 °C) und luftig; **Gießen:** nach Bedarf (Daumenprobe); **Düngen:** im Frühjahr Düngekegel setzen oder im Sommer alle 2–4 Wochen düngen; **Pflegen:** umtopfen im Frühjahr, wenn der Ballen durchwurzelt ist; **Gestaltung:** beliebter Ranker und Bodendecker in kleinen und größeren Pflanzschalen

## Kletterphilodendron

*Philodendron scandens*
**Länge/Breite:** 5 m/60 cm
**Blütezeit:** blüht in Kultur nicht
**tropische Kletterpflanze**

▶ **sehr robust**

**Blätter:** grün, sehr variabel in Größe und Form; **Standort:** hell bis schattig; möglichst bei Zimmertemperatur (um 20 °C); **Gießen:** nach Bedarf, Staunässe vermeiden; **Düngen:** im Frühjahr Düngekegel setzen; **Pflegen:** in geheizten, trockenen Räumen öfter sprühen; Rankhilfe anbieten; alle 2–3 Jahre umtopfen; **Gestaltung:** schöner Bodendecker in Hydrokulturschalen, Ampel- oder Kletterpflanze

## Geweihfarn

*Platycerium bifurcatum*
**Höhe/Länge:** 20 cm/bis 1 m
**Blütezeit:** keine Blütenpflanze
**epiphytischer Farn**

▶ **Blätter wie Geweih geformt**

**Blätter:** zwei unterschiedliche Blattarten: geweihförmige Blätter und Nischenblätter, die den Wurzelballen umhüllen; **Standort:** halbschattig bis schattig, warm (um 18 °C) und luftfeucht; **Gießen:** gleichmäßig feucht halten: durch Tauchen des Topfes einmal in der Woche (ca. 1/2 Stunde) oder durch Gießen zwischen die Nischenblätter; **Düngen:** im Sommer ab und zu dem Gießwasser etwas Dünger beigeben; **Pflegen:** öfter sprühen; **Gestaltung:** am besten in eine stabile Ampel hängen

**GUTE PARTNER**
***Flammendes Käthchen, Bergpalme, Gartenprimeln***

**EXPERTENTIPP**
***Robust und pflegeleicht, gut für ungünstige Standorte geeignet.***

**EXPERTENTIPP**
***Bezieht seine Nährstoffe aus den verrottenden Nischenblättern.***

# Mit Pflanzen gestalten

## Mit Pflanzen gestalten

# Die Wohnung mit

# Pflanzen verschönern

**Zimmerpflanzen sind in den verschiedensten Farben, Formen und Größen im Handel, so dass den Gestaltungsmöglichkeiten keine Grenzen gesetzt sind.**

Eines ist gewiss: Blatt- und Blütenpflanzen schaffen eine gemütlichere Atmosphäre und verschönern jeden Raum. Warum also nicht mit den vielen vorhandenen Formen und Farben ein bisschen spielen?

### Gestaltungselement Pflanze

Bei der großen Auswahl angebotener Zimmerpflanzen bieten sich die verschiedensten Möglichkeiten zur Wohnraumverschönerung an:

- ▶ Blütenpflanzen bringen Farbe in die Wohnung.
- ▶ Rankende, schnellwüchsige Pflanzen eignen sich hervorragend als grüne Raumteiler oder zum Kaschieren unschöner Flächen.
- ▶ Groß gewachsene, elegante Einzelpflanzen, so genannte Solitärs, können in großen Räumen ganz gezielt als Blickfänge eingesetzt werden.
- ▶ Kleinwüchsige, bunte oder skurril wachsende Topfpflanzen schaffen – zusammen mit allerlei hübschen Accessoires – kleine Kunstwerke auf Fensterbank, Tisch oder Konsole.
- ▶ Zimmerbrunnen, bepflanzte Schalen oder Ampeln und Pflanzensäulen sind außergewöhnliche Gestaltungselemente.
- ▶ Minis sorgen das ganze Jahr über für blühende Tischdekorationen, ohne dass teure Gestecke hergestellt werden müssen.

### Accessoires einsetzen

Mit einfachen Accessoires lassen sich liebevoll zusammengestellte Pflanzenarrangements noch verschönern. Hier nur ein paar Anregungen:

- ▶ Muscheln, getrocknete Seesterne und Schneckenhäuser passen gut zu Pflanzen in Bad oder Gäste-WC.
- ▶ Sand und Kieselsteine eignen sich sehr gut als Substratabdeckung bei Kakteen und Sukkulenten.
- ▶ Zweige von Forsythien und Weiden sind ein »Muss« für Frühjahrsblüher in Schalen oder Gläsern.
- ▶ Kürbisse, buntes Laub, getrocknete Zapfen oder Hagebuttenzweige unterstreichen herbstliche Arrangements.
- ▶ Baumwurzeln und Rindenstücke ergänzen tropische Pflanzen und Farne, vor allem in bepflanzten Terrarien.

***Wer einmal Gefallen an Zimmerpflanzen gefunden hat, der wird immer wieder neue dazukaufen.***

# Vielfältige Farben und Formen

Zimmerpflanzen können in zwei Gruppen eingeteilt werden: in Blütenpflanzen und Blatt- oder Grünpflanzen.
▶ Blühende Zimmerpflanzen wirken in der Hauptsache durch ihre bunt gefärbten Blüten, die je nach Art zu ganz verschiedenen Jahreszeiten erscheinen und die auf die verschiedenste Art und Weise miteinander kombiniert werden können.
▶ Grün- oder Blattpflanzen bringen in Kultur keine oder nur sehr selten Blüten hervor. Sie bestechen durch ihre verschiedenen Blattfarben, Blatt- und Wuchsformen.

### Verschiedene Wuchsformen

Jede Pflanze hat eine charakteristische Wuchsform, die sich aus der Größe der Pflanze, der Anzahl ihrer Stämme, Stängel oder Zweige und der Anordnung und Größe ihrer Blätter zusammensetzt.
Man kann die Zimmerpflanzen anhand ihrer Wuchsform grob einteilen in:
▶ aufrecht wachsende Pflanzen mit geradem oder überhängendem Wuchs (z.B. Dieffenbachie, Drachenbaum, Efeuaralie, Gummibaum, Keulenlilie),
▶ buschig wachsende Pflanzen (z.B. Alpenveilchen, Buntnessel, Weihnachtsstern, Zimmeraralie),
▶ Kletterpflanzen
(z.B. Klimme, Kranzschlinge, Passionsblume, Wachsblume),
▶ Hängepflanzen
(z.B. Efeu, Efeutute, Hängephilodendron, Zebrakraut),
▶ Polsterpflanzen
(z.B. Bubiköpfchen),
▶ Rosettenpflanzen
(z.B. Lanzenrosette, Nestfarn, Usambaraveilchen).
Bizarre Wuchsformen besitzen z.B. der Elefantenfuß und viele Kakteen und Sukkulenten.

### Welche Wuchsform passt wohin?

Damit die Pflanze gut zur Geltung kommt, sollte sie auch richtig platziert werden. Hier einige Tipps:
▶ Kleine Pflanzen in Augenhöhe oder etwas darunter aufstellen.
▶ Rosettenpflanzen sollte man immer von oben betrachten können.
▶ Große, aufrecht wachsende Arten auf den Boden stellen, dabei passen schmal wachsende (z.B. die Geigenfeige) neben entsprechend hohe Möbel (Schränke, Regale), wuchtige (z.B. das Fensterblatt) zu wuchtigen Möbeln.
Bei größeren Pflanzen lohnt es sich, vorher den Platzbedarf auszumessen und dabei das Wachstum mit einzukalkulieren, denn sie können später ohne weiteres später den Raum eines großen Möbelstückes einnehmen.
▶ Kletterpflanzen in der Nähe eines Regals oder eines schmalen Schrankes wachsen lassen, dabei Draht oder Moosstab als Rankhilfe geben.
▶ Hänge- oder Ampelpflanzen können ebenso gut wie Kletterpflanzen als Raumteiler eingesetzt werden.
▶ Polsterpflanzen eignen sich sehr gut als Unterpflanzung in großen Töpfen und Blumenschalen.

**Der Farbkreis**
Eine gute Hilfe für gelungene Farbkombinationen ist der Farbkreis mit seinen Spektralfarben.

### Wie Farben wirken

Farben haben auf den Menschen die verschiedensten Wirkungen:
▶ Weiß oder Cremefarben wirkt kühl, dezent und beruhigend.
▶ Gelb und Orange vermitteln ein Gefühl von Wärme und stimmen uns heiter.
▶ Rot und Rosa strahlen zwar Wärme aus, dürfen uns aber nicht allzu üppig vor Augen geführt werden, weil sie eine gewisse Dominanz in sich tragen.
▶ Die so genannten »kühlen« Farbtöne Blau und Grün wirken ebenfalls beruhigend.

***Kombination in Rot: Amaryllis, Azaleen, Elatior-Begonie und Flammendes Käthchen.***

**Farbkombinationen**

Mit Hilfe des Farbkreises lassen sich schöne, ruhige Farbverläufe, Ton-in-Ton-Kombinationen und deutlich voneinander abgesetzte Farbkombinationen erstellen.

► Eine ruhige, harmonische Atmosphäre schaffen Sie mit Farben, die im Farbkreis nebeneinander liegen, also z.B. mit Gelb und Orange. Vorsicht ist geboten bei Kombinationen in Rosa und Rot und Blau/Grün – hier können sich die Farben »beißen«, wenn sie zu kräftig aufeinander prallen.

► Lebhaft und freundlich wirken Zusammenstellungen von Farben, die sich im Farbkreis gegenüberstehen (so genannte Komplementärfarben), also z.B. Blau/Orange oder Rot/Grün.

**Was immer zusammen passt**

► Farbkombinationen in einheitlich warmen oder kühlen Tönen.

► Eine Blütenpflanzen-Art in verschiedenen Blütenfarben und Wuchsgrößen.

► Weiß panaschierte Grünpflanzen zu weißen Blüten.

► Pflanzen mit gleicher Farbe, aber anderer Form, z.B. Hellgrün zu Hellgrün (Simse zu Nestfarn).

► Groß- und kleinblütige Pflanzen mit gleicher Blütenfarbe.

► Bunt panaschierte Grünpflanzen und blühende Pflanzen, die eine der Blattfarben aufgreifen.

# Accessoires für jeden Geschmack

## Kurzinformation

### Accessoires fürs Bad

- farblich zu den Fliesen passende Übertöpfe
- Muscheln, Schneckenhäuser, Seesterne oder anderes Strandgut
- farblich zu Handtüchern oder Badevorleger passende Glaskugeln
- Porzellanfische

### Accessoires für die Küche

- Suppenterrinen
- Körbe
- Backformen als Übertopf
- Metallkörbe für Ampelpflanzen
- bunte Blechdosen für Küchenkräuter
- künstliches Obst und Gemüse als Farbverstärker

### Accessoires fürs Fensterbrett

- Tierfiguren aus Terrakotta oder Porzellan
- bunte Glasmurmeln
- bunte Holzfiguren zum Einstecken in Blumentöpfe
- Kerzen

**Der passende Übertopf**
Welche Farbe und Form der Übertopf haben soll, bestimmt in erster Linie Ihr persönlicher Geschmack. Der Übertopf muss auf jeden Fall so groß sein, dass er einerseits etwas höher als der eigentliche Pflanztopf ist und andererseits rund um den Pflanztopf eine etwa fingerbreite Lücke lässt. Die Proportionen zwischen Pflanzenhöhe und Topf sollten für kleine, niedrig wachsende Pflanzen 1:1, für etwas höhere, meist saisonale Blütenpflanzen 2:1 und für höher wachsende Pflanzen und Solitäre 3:1 betragen.

**Töpfe für Solitäre und Kübelpflanzen**
Große Einzelpflanzen, Kübelpflanzen, Kakteen und Sukkulenten sind am besten in Terrakottatöpfen und -schalen untergebracht, die in warmen Gelb-, Orange-, Rot- oder Brauntönen angeboten werden.
Die Gefäße sind in den verschiedensten Größen und Formen, glatt, verziert oder mit Reliefs versehen, unbehandelt oder glasiert im Handel. Unbehandelte Gefäße benötigen unbedingt einen wasserdichten Untersetzer.

**Passende Accessoires sind weit mehr als nur schmückendes Beiwerk. Sie bringen Pflanzen besser zur Geltung und unterstreichen den Wohnstil.**

**Ampelpflanzen – gut untergebracht**
Auch für Ampel- und Hängepflanzen gibt es die verschiedensten Töpfe, Übertöpfe und Ampelgefäße. Achten Sie darauf, dass ein genügend großer Gießrand vorhanden ist, damit beim Gießen in luftiger Höhe nichts überläuft. Die Übertöpfe müssen wasserdicht sein, damit kein Wasser auf den Boden tropft. Ampeln auf jeden Fall gut befestigen, denn feuchte Erde ist schwer, und die Pflanze nimmt jedes Jahr an Masse und Gewicht zu. Zum Gießen eignen sich am besten Gießkannen mit langem Ausguss.

**Pflanzetageren und Blumenbänke**
Für die Unterbringung mehrerer Pflanzen, die keinen rechten Platz mehr auf Fensterbrett oder Boden finden, lohnt sich die Anschaffung von Blumenbänken oder Pflanzetageren. Bei letzteren können auf mehreren, zueinander versetzten Ebenen Pflanzen aufgestellt werden. Die Blumenbank ist etwas niedriger und besteht aus ein oder zwei Ebenen.
Beide Pflanzmöbel gibt es aus Holz, Kunststoff oder Metall, und es lohnt eine größere Investition in ein schönes Exemplar, denn es bleibt über lange Zeit ein Blickfang im Zimmer.

**Markante Blickpunkte setzen**
Verschiedene Accessoires, zwischen oder neben Grün- und Blütenpflanzen platziert, geben dem Arrangement eine weitere persönliche Note und setzen Blickpunkte.
Mit Farbverstärkern wie Glaskugeln, Figuren auf Stäben, bunten Steinen oder Kerzen lässt sich ein blühendes Pflanzenarrangement zusätzlich abrunden.

**Querverweise**
***Reizvolle Schling- und Ampelpflanzen***
***Seite 100/101***

# Mit Farben spielen

## Kurzinformation

**Weiß blühende Zimmerpflanzen**

**Alpenveilchen, Azalee, Einblatt, Flamingoblume, Hyazinthe, Jasmin, Wachsblume, Zimmerkalla**

**Gelb blühende Zimmerpflanzen**

**Blütenbegonie, Flammendes Käthchen, Glanzkölbchen, Narzisse, Pantoffelblume**

**Orange blühende Zimmerpflanzen**

**Blütenbegonie, Clivie, Flammendes Käthchen, Ixore, Schamblume**

**Rot/Rosa blühende Zimmerpflanzen**

**Alpenveilchen, Amaryllis, Azalee, Becherprimel, Blütenbegonie, Hibiskus, Hyazinthe, Ixore, Katzenschwanz, Pentas, Topfrose, Weihnachtsstern**

**Blau blühende Zimmerpflanzen**

**Becherprimel, Blaues Lieschen, Drehfrucht, Glockenblume, Usambaraveilchen**

**Ganz in Weiß**
Weiß in Verbindung mit verschiedenen Grüntönen wirkt edel und elegant. Hier sind Einblatt *(Spathiphyllum floribundum)*, Lorraine-Begonie, die weiß blühende Sorte des Blauen Lieschens *(Exacum affine)*, Wachsblume *(Stephanotis floribunda)* und die weiß-panaschierte Form der Birkenfeige *(Ficus benjamina)* gekonnt miteinander kombiniert. Weiß ist jedoch nicht jedermanns Sache, beim Verschenken von Blütenpflanzen sollten Sie sich daher nach der Lieblingsfarbe des zu Beschenkenden erkundigen.

**Ton-in-Ton kombiniert**
Damit Ton-in-Ton-Arrangements nicht zu langweilig werden, sollten Blattpflanzen mit hellgrünen, filigranen Blättern oder eine weiß blühende Art dazugesellt werden. In dieser Schale werden hellblaue Becherprimel *(Primula obconica)*, blaue Hayzinthen und Gartenprimeln durch weißen Jasmin *(Jasminum officinale)* und kleinblättrigen, weiß-panaschierten Efeu aufgelockert.

**EXPERTENTIPP**
***Beim Zusammenpflanzen auf gleiche Bedürfnisse achten!***

## Die Auswahl an blühenden Zimmerpflanzen ist dank der im Handel angebotenen Arten- und Sortenzahl sehr groß.

**Leuchtend warme Töne**
Mit rot-, gelb- und orange blühenden Pflanzen (hier Flammendes Käthchen *Kalanchoë blossfeldiana* und Amaryllis in Kombination mit Zierspargel *Asparagus densiflorus)* schaffen Sie immer einen dominanten Blickpunkt im Zimmer oder auf dem Fensterbrett.

**Kontrastprogramm**
Stellt man die Farben zusammen, die sich im Farbkreis gegenüberstehen, erzeugt man automatisch einen starken Kontrast – wie hier mit gelben und blauen Primeln.

**Grün passt immer**
Zu den hellen Grüntönen von Blattpflanzen wie Henne mit Küken *(Tolmiea menziesii)* (hier mit Gerbera, Guzmanie und Elatior-Begonie kombiniert), Frauenhaarfarn, Nestfarn, Simse, Bubikopf, Asparagus, Zimmerbambus, Kletterficus oder hell-panschiertem Efeu können Sie jede beliebige Blütenfarbe kombinieren. Sie müssen nur auf die Abstufung der verschieden großen Pflanzen Acht geben (größere Pflanzen nach hinten, kleinere nach vorn).

**Farbdreiklang**
Ein Farbdreiklang ergibt sich, wenn man gedanklich ein Dreieck in den Farbkreis einzeichnet, dessen Spitzen dann die entsprechenden drei Farben angeben.
Unser Pflanzbeispiel zeigt eine Kombination aus Rot (Gerbera), Blau (Glockenblume) und Gelb (Flammendes Käthchen, Chrysantheme und Schönmalve *(Abutilon)* ergänzt durch eine weißrote Stiefmütterchenorchidee *(Miltonia*-Hybride).

**QUERVERWEISE**
***Farbkreis Seite 122***

**EXPERTENTIPP**
***Ein weiterer Farbdreiklang wäre die Kombination Grün-Orange-Violett.***

# Wuchsformen gezielt einsetzen

## Kurzinformation

### Schlanke, aufrechte Pflanzen

**Bogenhanf, Drachenbaum, Geigenfeige, Gummibaum, Kolbenfaden, Yucca, Zimmertanne**

### Ausladende, aufrechte Pflanzen

**Baumfreund, Bergpalme, Einblatt, Kentiapalme, Kokospalme, Zimmeraralie**

### Minis

**Alpenveilchen, Aschenblume, Azalee, Blütenbegonien, Flammendes Käthchen, Glockenblume, Topfrose, Usambaraveilchen**

### Kletter- und Ampelpflanzen

**Baumfreund, Efeu, Efeutute, Fensterblatt, Grünlilie, Hängephilodendron, Henne mit Küken, Katzenschwanz, Königswein, Kolumnee, Kranzschlinge, Passionsblume, Purpurtute, Russischer Wein, Schamblume, Wachsblume, Tradeskantie, Zebrakraut, Zierspargel, Zimmerjasmin**

**Blickfang Hochstamm**
Einen blühenden Hochstamm oder eine Birkenfeige mit gedrehtem Stamm im Zimmer stehen zu haben – das ist schon eine Freude! Viele Zimmerpflanzen werden mittlerweile auch als Hochstämmchen im Handel angeboten oder können zu Hochstämmchen gezogen werden, zum Beispiel Hibiskus (siehe Bild) Azaleen, Zitrusbäumchen oder Birkenfeigen.

**Lockere Raumteiler**
Kletter- oder Hängepflanzen eignen sich hervorragend als grüne Raumteiler. Pflanzen mit kleinen oder hellen Blättern (im Bild Zierspargel *Asparagus asparagoides* und Schwertfarn *Nephrolepis)* wirken verspielt und leicht; Pflanzen mit großen oder dunklen Blättern sind dominanter.

**Auch mit den unterschiedlichen Wuchsformen der Zimmerpflanzen können erstaunliche Wirkungen im Raum erzielt werden.**

**Üppige Schleier**
Im Gegensatz zu den Rankern sind Ampelpflanzen meist ausladender und üppiger im Wuchs, wie man an dem abgebildeten Schwertfarn *(Nephrolepis exaltata* 'Linda') gut erkennen kann.
Ampelpflanzen eignen sich gut für großzügige Fensterfronten und helle Zimmerecken. Im Büro sind sie geradezu ideal, denn sie beleben den Raum durch ihr freundliches Grün, ohne dass hierfür die Arbeitsflächen zugestellt werden müssen.

**Zimmerbonsais**
Bonsais (im Bild *Ficus benjamina* 'Starlight') sind kleine Kunstwerke, die auch so präsentiert werden sollten, das heißt: in Augenhöhe, einzeln und ohne störendes Beiwerk.
Außer der Birkenfeige sind u.a. folgende Zimmerpflanzen in Bonsaiform erhältlich: Azalee, verschiedene *Ficus*-Arten, Strahlenaralie *(Schefflera arboricola),* verschiedene Sukkulenten und Zitruspflanzen.

**Blühende Minis**
Blühende Minis lassen sich – in Schalen oder auf Tabletts arrangiert – sehr schön als Konsolen- oder Tischdekoration verwenden. Hier eine elegante Lösung mit roten Topfrosen in weißen Töpfen.

**Grünpflanzen im Kleinformat**
Grünpflanzen im Kleinformat erfreuen sich zunehmender Beliebtheit (im Bild rote Mini-Begonien, Henne mit Küken und Pellefarn).
Will man länger Freude an den Grünpflanzen haben, sollten sie in ein Terrarium oder einen größeren Topf umgesetzt werden, damit der Wurzelballen nicht so rasch austrocknet.

**EXPERTENTIPP**
***Ampeln so aufhängen, dass noch problemlos gegossen werden kann.***

**EXPERTENTIPP**
***Fragen Sie beim Kauf, wo Sie den Bonsai zurückschneiden lassen können.***

# Vielfalt der Blattschmuckpflanzen

## Kurzinformation

### Pflanzen mit panaschierten Blättern

**Alokasie, Birkenfeige, Bogenhanf, Buntnessel, Dieffenbachie, Drachenbaum, Efeu, Efeutute, Fensterblatt, Grünlilie, Judenbart, Kletterficus, Kroton, Marante, Saumfarn, Schefflera, Schraubenbaum, Tradeskantie, Wachsblume, Zebrakraut, Zwergpfeffer**

### Pflanzen mit grasartigen Blättern

**Zimmerbambus, Zypergras**

### Palmen

**Bergpalme, Dattelpalme, Fischschwanzpalme, Kentiapalme, Kokospalme, Zwergpalme**

### Farne

**Frauenhaarfarn, Geweihfarn, Nestfarn, Saumfarn, Schwertfarn**

**Mit Blattformen spielen**
Grünpflanzen wirken auf verschiedene Weise: durch Wuchsform und Größe, unterschiedliche Blattfärbungen oder Blattstrukturen und verschiedene Blattformen. Diese große Unterschiedlichkeit lässt die verschiedensten Kombinationsmöglichkeiten zu.
Bei dieser Pflanzengruppe (Alokasie *Alocasia amazonica,* Elefantenfuß *Beaucarnea recurvata* und Einblatt *Spatiphyllum)* spielen die unterschiedlichen Blattformen eine wichtige Rolle.

**Zimmerbäume**
Steht genug Platz und Licht zur Verfügung, schaffen große Grünpflanzen eine angenehme Atmosphäre, die durch die Wahl der Übertöpfe noch unterstrichen werden kann.
Von links nach rechts: Pachira *(Pachira aquatica),* Yucca *(Yucca elephantipes),* Muehlenbeckie *(Muehlenbeckia adpressa), Citrus mitis* 'Variegata', Birkenfeige *(Ficus benjamina,* unterpflanzt mit *Ficus pumila)* und Drachenbaum *(Dracaena marginata).*

**EXPERTENTIPP**
***Pflanzen mit bunten Blättern öfter sprühen und hell aufstellen.***

**EXPERTENTIPP**
***Große Pflanzen, die in warmen Räumen stehen, häufiger gießen.***

**Auch Blattpflanzen lassen sich schön kombinieren. Nutzen Sie dabei die reiche Vielfalt an Farben, Formen und Größen.**

**Farne für feucht-warme Räume**

Farne entwickeln aus dicken, fleischigen Rhizomen Wurzeln und einfach oder mehrfach gefiederte oder ungefiederte Wedel, die je nach Art unterschiedlich lang und breit sind. Da die Pflanzen am besten an feucht-warmen Standorten gedeihen, bieten sie sich vor allem zum Begrünen von Badezimmern an.

Im Bild von links nach rechts: Pellefarn *(Pellaea rotundifolia)*, Nestfarn *(Asplenium nidus)* und Zwergpfeffer *(Peperomia)*.

**Filigranes Grün**

Luftig, leicht und erfrischend wirken Gräser, wie dieses Arrangement aus Zimmerbambus *(Pogonatherum paniceum* 'Buxus'), Binse *(Juncus spiralis)* und Zypergras *(Cyperus alternifolius)* deutlich zeigt.

Gräser verdunsten relativ viel Wasser und verbessern dadurch das Raumklima erheblich. Der Wurzelballen sollte dementsprechend stets feucht gehalten werden.

Zypergras steht gern im »Fußbad«, am besten in einem ständig mit Wasser gefüllten Untersetzer.

**Ein Hauch Exotik**

Palmen vermitteln stets etwas tropische Atmosphäre, vor allem, wenn sie mit entsprechenden anderen Pflanzen kombiniert werden:

am hellen, kühlen Standort mit Banane *(Ensete* oder *Musa)*, Zimmerlinde *(Sparmannia africana)* und Azaleen;

in hellen, warmen Räumen mit Drachenbaum, *Ficus*-Arten und Baumfreund;

bei höherer Luftfeuchte auch mit Orchideen, Bromelien und Farnen.

Im Bild Schirmpalme *(Livistona chinensis)*, Begonien und Drehfrucht *(Streptocarpus wendlandii)*.

**EXPERTENTIPP**

***Farne öfter mit zimmerwarmem, kalkfreiem Wasser einsprühen.***

**EXPERTENTIPP**

***Gräser sollten immer relativ hell stehen.***

**EXPERTENTIPP**

***Für große Palmen einen schlichten Übertopf wählen.***

# Gestaltungsideen

**Jede Wohnung kann man mit Zimmerpflanzen verschönern, einzeln im Raum verteilt oder zu Gruppen zusammengestellt oder zusammengepflanzt.**

Kleinere, weniger auffällige Einzelpflanzen wirken im Raum oft verloren. Sie gewinnen, wenn sie zu mehr oder weniger großen Gruppen zusammengestellt oder -gepflanzt werden.

### Pflanzschalen

Blatt- und Blütenpflanzen, die zu mehreren in einer Schale oder einem anderen größeren Pflanzgefäß miteinander kombiniert werden, wirken oft auffallender und interessanter als einzeln im Raum verteilte Blumentöpfe. Den Kombinationsmöglichkeiten sind insofern Grenzen gesetzt, als dass Pflanzen, die aus dem Topf genommen und in eine Schale zusammengepflanzt werden, alle die gleichen Licht-, Temperatur-, Dünger- und Wasseransprüche haben sollten.

### Pflanzgruppen

Im Gegensatz zu zusammengepflanzten Einzelpflanzen müssen zu mehr oder weniger großen Gruppen zusammengestellte, in separaten Töpfen stehende Exemplare nur die gleichen Licht- und Temperaturbedingungen haben. Da jede Pflanze ihren eigenen Topf hat, kann sie auch individuell gegossen und gedüngt werden.

### Einige Grundregeln

- ▶ Kleine Pflanzen sollten nie von größeren, höheren oder breiteren verdeckt werden. Pflanzen daher größenmäßig abgestuft platzieren.
- ▶ Wenn die Pflanzgruppe von allen Seiten gut sichtbar ist, die größte Pflanze ins Zentrum stellen und nach außen hin immer kleiner werden. An den Rand Rankpflanzen setzen, die über das Gefäß hängen.
- ▶ Steht das Gefäß an der Wand, Pflanzen entweder in Form eines Dreiecks anordnen, d.h. große Pflanzen in der Mitte und rechts und links immer kleiner werdend oder große Pflanze hinten, kleinere davor.
- ▶ Pflanzgruppen, die vor einer Wand aufgestellt werden, sollten in Farbe und Form zum Hintergrund passen. Bunte Blüten- oder Blattpflanzen oder Grünpflanzen mit unterschiedlichsten Blattformen möglichst nur vor einen ruhigen Hintergrund stellen.

***Wasser im Zimmer wirkt zum einen belebend, zum anderen aber sorgt es auch für eine Erhöhung der Luftfeuchtigkeit.***

# Pflanzen gruppieren und kombinieren

Pflanzgruppen werden erst interessant durch die Kombination verschiedener Blattformen und Blattstrukturen, verschiedenfarbiger oder gleichfarbiger, jedoch verschieden großer Blüten sowie verschiedener Wuchshöhen und Wuchsformen.

Pflanzgruppen können

▶ Räume auflockern, Farbe und lebendiges Grün einbringen,

▶ Räume unterteilen, abgrenzen oder verbinden,

▶ unschöne Ecken kaschieren,

▶ Höhen optisch ausgleichen,

▶ die verschiedenen Jahreszeiten ins Haus bringen.

## Pflanzen als Raumteiler

Große Räume lassen sich mit Hilfe von Pflanzen relativ leicht und schön in zwei oder mehr Bereiche unterteilen. Je nachdem, ob der Raum tatsächlich geteilt oder nur optisch untergliedert werden soll, bieten sich bepflanzte Regale, Pflanzgitter oder Spaliere, bepflanzte Tröge, Ampel- und Kletterpflanzen in Kombination oder einfach nur mehr oder weniger große Pflanzgruppen an.

▶ Mit verschiedenen kleinblättrigen Kletter- oder Rankpflanzen (z.B. panaschierter Efeu, *Cissus*-Arten, Efeutute oder Kletterphilodendron), die an einem Spalier emporgezogen werden oder herabhängen, oder mit Hängepflanzen (z.B. Grünlilie, Judenbart, Tradeskantie, Zierspargel), die in unterschiedlicher Höhe in ein Regal gestellt werden, lässt sich eine lockere grüne Wand aufbauen.

▶ Mehrere aufrecht wachsende Pflanzen wie Drachenbaum, Gummibaum oder Yucca in verschiedenen Größen nebeneinander gestellt und durch gleiche Übertöpfe miteinander verbunden, sorgen für eine breite optische Trennung.

▶ Ein mit Blatt- und Blütenpflanzen bestückter Pflanztrog oder größerer Kübel kann Sitz- und Essplatz stimmungsvoll abgrenzen.

## Pflanzen am Fensterbrett

Für den Standort »Fensterbrett« ist die Auswahl geeigneter Pflanzen am größten. Eine Beschränkung liegt in der Tiefe des Fensterbretts, so dass sich meist nur kleine bis mittelgroße Pflanzen zur Gestaltung anbieten.

▶ Das Küchenfenster eignet sich hervorragend zum Aufstellen der verschiedensten Kräuter.

▶ Ein sonniges Wohnzimmerfenster ist der ideale Platz für sonnenhungrige Pflanzen wie Kakteen und Sukkulenten oder Gästen aus dem Mittelmeerraum.

▶ Ein Fenster, das in den Hinterhof blickt, lässt sich mit Hilfe von im Fenster angebrachten Blumenregalen in einen grünen und blühenden Zimmergarten verwandeln.

▶ Ein helles Fensterbrett eignet sich zum Einrichten eines duftenden Blumenfensters oder eines Tropengartens mit Farnen und Orchideen.

**Pflanzschalen beleben**
Schalen mit saisonabhängigen Blütenpflanzen sorgen für ein Stück Natur im Haus.

## Saisonale Pflanzgruppen

Pflanzgruppen, die nur aus Blütenpflanzen oder aus Blatt- und Blütenpflanzen bestehen, können die Jahreszeiten widerspiegeln, wenn saisonale Blütenpflanzen eingesetzt werden.

▶ Typische Pflanzen für den Winter sind Alpenveilchen, Amaryllis, Aschenblume, Azalee, Weihnachtskaktus und Weihnachtsstern.

▶ Den Frühling zeigen Primeln und Zwiebelpflanzen wie Krokus, Hyazinthe, Narzisse und Tulpe an.

▶ Der Sommer bietet nicht nur im Garten, sondern auch im Haus eine Viel-

***Bubiköpfchen, Becherprimeln, Azalee, Schwertfarn und Efeu verdecken den Blick in den Hinterhof.***

zahl blühender Pflanzen wie Gerbera, Glockenblumen, Hortensien, Pantoffelblumen und Topfrosen.

▶ Im Herbst sind es vor allem verschiedenfarbige Chrysanthemen und Heidekrautgewächse, die Farbe ins Pflanzenarrangement bringen.

### Tipps zum Arrangieren

Für den rein ästhetischen Umgang mit Zimmerpflanzen gibt es keine festen Regeln, das Kombinieren und Gruppieren von Pflanzen ist Sache des persönlichen Geschmacks.

Für den, der sich jedoch nicht ganz sicher ist, hier einige Tipps:

▶ Einfarbig grüne Blätter lassen buntblättrige Pflanzen prächtiger zur Geltung kommen.

▶ Grüne Pflanzen wirken inmitten von Blütenpflanzen beruhigend.

▶ Hohe Pflanzen zwischen niedrigen bringen Spannung in die Gruppe.

▶ Pflanzgefäße und Accessoires können Pflanzgruppen miteinander verbinden oder verändern.

▶ Über den Topfrand hängende Rank- oder Kletterpflanzen lockern auf.

▶ Kontrastierende Wuchsformen bringen Schwung in eine Pflanzgruppe.

▶ Auch verschiedenfarbiges Laub sorgt für Farbe.

▶ Spezielle Möbel für Pflanzen (Regale, Blumentische, Säulen, Pflanztröge) sorgen für passenden Zusammenhalt und ausreichende Stellfläche.

# Problemstellen lösen

## Kurzinformation

**Pflanzen für helle, kühle Räume**

**Alpenveilchen, Amaryllis, Azaleen, Duftgeranie, Hibiskus, Jasmin, Klivie, Kranzschlinge, Schönmalve**

**Pflanzen für dunkle Räume**

**Baumfreund, Efeutute, Fensterblatt, Henne mit Küken, Russischer Wein, Schefflera, Schusterpalme, Zimmeraralie**

**Pflanzen für kleine Fenstersimse**

**Blaues Lieschen, Bubikopf, Efeu, Kletterficus, Tillandsie, Zwergpfeffer**

**Robuste Pflanzen für Raumteiler**

**Asparagus, Baumfreund, Efeu, Efeuaralie, Efeutute, Fensterblatt, Grünlilie, Kletterphilodendron, Purpurtute, Schwertfarn**

**Treppenhäuser und Flure begrünen**
Treppenhäuser und Flure bieten oftmals nicht viel Stellplatz und sind meist auch nicht sehr gut beleuchtet. Hier sorgen vor allem schattenverträgliche Kletter- und Ampelpflanzen für freundliches Grün.
Ampelpflanzen können – mit einem Seilzug versehen – direkt vor die Lichtquelle gehängt und zum Gießen einfach herabgelassen werden (siehe Zeichnung).

**QUERVERWEISE**
*Pflanzen für schattige Standorte Seite 114–117*

**Räume unterteilen**
Eine leichte Unterteilung entsteht durch große Pflanzen, die in einer Gruppe oder Reihe direkt auf dem Boden aufgestellt werden und einen direkten Sichtkontakt verhindern. Stärkere Unterteilung bietet ein Regal, das mit kleinblättrigen Ampel- und Kletterpflanzen wie Grünlilie, panaschiertem Efeu oder Klimme bestückt ist.

**QUERVERWEISE**
*Schattenverträgliche Kletter- und Ampelpflanzen Seite 116/117*

**Auch problematische Wohnsituationen, zum Beispiel Treppenhäuser und Dielen, lassen sich mit Pflanzen freundlicher gestalten.**

### Große Pflanzen leicht bewegen

Der Platz vor der Balkon- oder Terrassentür eignet sich wegen seiner Helligkeit für sehr viele schöne große Zimmer- und Kübelpflanzen – wäre da nicht das Problem mit dem Öffnen und Schließen der Tür.

Eine einfache Lösung, um große Pflanzen leicht zu bewegen, sind Blumenroller, auf die große Kübelpflanzen gestellt und dann leicht hin und her geschoben werden können. Solche Blumenroller gibt es in den verschiedensten Größen, Farben und Formen im Gartenfachhandel.

### Dunkle Ecken begrünen

Zimmerecken bieten sich oftmals als gemütliche Sitz- und Leseplätze an – leider aber sind sie zum Aufstellen der meisten Zimmerpflanzen, auch der halbschatten- und schattenverträglichen, auf die Dauer, vor allem in den ohnehin düsteren Wintermonaten, meist zu dunkel.

Spezielle Pflanzenleuchten schaffen hier Abhilfe. Der Fachhandel bietet ganz unterschiedliche, zu jedem Wohnstil passende Leuchten an.

### Eine schlechte Aussicht entschärfen

Manchmal ist die Aussicht aus dem Fenster alles andere als erfreulich. Doch dem kann abgeholfen werden: Verwandeln Sie Ihr Fenster in ein Blumenregal. Damit das Fenster jederzeit einfach und schnell geöffnet werden kann, müssen die Stellflächen direkt am Fensterrahmen angebracht werden (siehe Zeichnung).

Pflanzen, die auf dem Fensterbrett stehen, sollten in ein größeres Gefäß zusammengestellt werden, damit beim Fensteröffnen nur ein Gefäß zur Seite gerückt werden muss.

**EXPERTENTIPP**

***Fragen Sie nach, für welche Art von Fußböden die Rollen geeignet sind.***

**EXPERTENTIPP**

***Stellbretter mit Rand versehen, damit die Töpfe nicht herabfallen.***

# Ein Platz an der Sonne

## Kurzinformation

### Sonnenliebende Kletterpflanzen

**Bougainvillee,**
**Passionsblume**

### Sonnenliebende Ampelpflanzen

**Leuchterblume,**
**Madagaskarglöckchen,**
**Tillandsie**

### Sonnenliebende Blütenpflanzen

**Christusdorn,**
**Edelpelargonie,**
**Flammendes Käthchen,**
**Kakteen,**
**Pentas,**
**Wüstenrose,**
**Zierpaprika**

### Sonnenliebende Grünpflanzen

**Elefantenfuß,**
**Lanzenrosette,**
**Madagaskarpalme,**
**Sansevierie,**
**Tillandsie,**
**Yucca**

**Bunte Vielfalt auf der Fensterbank**

Die Fensterbank eines nach Süden oder Südwesten ausgerichteten Fensters bietet sehr viel Sonne und ist vor allem um die Mittagszeit in den Sommermonaten ein extrem sonniger und warmer Standort, der vor allem sukkulenten Pflanzen mit derben oder dickfleischigen Blättern und Gästen aus dem Mittelmeerraum zusagt.

Mit der Auswahl an Pflanzen für sonnige Standorte lassen sich mit Hilfe von Ampel- und Kletterpflanzen und kleinen bis halbhohen grünen oder blühenden Zimmerpflanzen sehr schöne Blumenfenster gestalten (im Bild von links nach rechts: Bougainville, Orangenbäumchen, Edelpelargonie, Passionsblume, in der Ampel: Leuchterblume).

Egal, welche Pflanzen Sie kombinieren möchten, achten Sie darauf, dass die Einzelpflanzen nicht zu eng zusammen stehen. Die Blätter sollten etwa 5–10 cm Abstand voneinander haben. Gießen Sie morgens oder abends und nur auf die Ballenoberfläche oder in den Untersetzer, denn Wassertropfen auf den Blättern können an einem sonnigen Standort sehr schnell zu Verbrennungen führen.

**QUERVERWEISE**
***Pflanzen für den sonnigen Standort***
***Seite 74–85***

**Reizvolle Vertreter aus den Steppen- und Wüstengebieten der Erde warten nur darauf, einen Platz am sonnigen Fenster einnehmen zu können.**

**Wüstenflair**
Typische Bewohner trocken-heißer Gebiete bevölkern diese Fensterbank (von links nach rechts): Schlangenkaktus *(Aporocactus flagelliformis)*, Schwiegermuttersitz *(Echinocactus grusonii)*, Agave, Echeverie *(Echeveria)*, Madagaskarpalme *(Pachypodium)*, Christusdorn *(Euphorbia milii)* und Erbsen am Band *(Senecio herreanus)*.
Bei diesen schon fast skurril anmutenden Gewächsen mit langen Dornen, dickfleischigen Blättern oder Stämmen scheiden sich die Geister zwischen Begeisterung und Ablehnung.

**Blühende Sonnenanbeter**
Wer lieber Blühendes als Blickfang am Fenster haben möchte, hier eine Kombination der leicht zu pflegenden Mammillarien mit verschiedenfarbigen Blüten. Die klein bleibenden Kugelkakteen eignen sich bestens für die Fensterbank und erfreuen jedes Jahr aufs Neue durch ihre bunte Blütenpracht im Sommerhalbjahr.

**Pflanzschalen für warme Standorte**
Diese Pflanzschale mit Flammendem Käthchen *(Kalanchoë-Blossfeldiana-*Hybriden), Osterkaktus *(Rhipsalidopsis-*Hybriden) und Fetthenne *(Crassula)* sieht nicht nur sehr apart aus, sie eignet sich auch hervorragend als Tisch- oder Konsolendekoration für warme und sonnige Standorte. Die sukkulenten Pflanzen sind alle anspruchslos und pflegeleicht. Sie können ruhig einige Zeit sich selbst überlassen bleiben, da die dickfleischigen Blätter Wasser speichern.

**EXPERTENTIPP**
***Pflanzen mit Dornen und giftigem Milchsaft kindersicher aufstellen!***

**QUERVERWEISE**
***Kakteen** – bizarr und reich blühend*
***Seite 84/85***

# Pflanzen als Geschenk

## Kurzinformation

### Geschenkideen für kleine Anlässe

**Minis in passenden Übertöpfen**
**in Form gebogene Kletterpflanzen**
**kleinere Grünpflanzen in Hydrokultur**
**jahreszeitlich angepasste Pflanzschalen (Frühjahrsgruß, Osterschale, Herbstpflanzung, Advents- oder Weihnachtsschale)**
**Küchenkräuter, einzeln oder zu mehreren in passenden Pflanzgefäßen**
**Blütenpflanzen je nach Saison und in der Lieblingsfarbe des zu Beschenkenden**

### Geschenkideen für größere Ereignisse

**Kübelpflanze mit Gefäß**
**größere Pflanzschale mit Grün- und Blütenpflanzen**
**bepflanzter Flaschengarten**
**größere Pflanze in Hydrokultur**
**elegante Solitärpflanze**
**Zimmerbaum in passendem Gefäß**
**Zimmerbrunnen**

**Alltägliches – schön kombiniert**
Im Winterhalbjahr bieten sich vor allem Alpenveilchen *(Cyclamen persicum)* als blühende Mitbringsel an. Im Handel ist ein breites Sortiment verschiedenster Blütenformen und -farben erhältlich. Außer den normal großen Topfpflanzen werden in verstärktem Maß auch Minis angeboten. Hier stehen rosafarbene Alpenveilchen mit Blauem Lieschen, Bubiköpfchen und Schwertfarn zusammen.

**Minis für jede Gelegenheit**
Zugegeben, über einen Blumenstrauß freut man sich immer. Eine Alternative, deren Blütenpracht etwas länger hält, bieten Blütenpflanzen im Miniformat, die je nach Geldbeutel einzeln oder als Pflanzkombination verschenkt werden können. Den Kombinationsmöglichkeiten sind auch hier keine Grenzen gesetzt (im Bild gelbe und rote Zwergrosen, aufgelockert mit Frauenhaarfarn *Adiantum)*.

**Aus der Vielfalt des Angebotes an Licht liebenden Pflanzen lassen sich allerhand hübsche Arrangements zum Verschenken zaubern.**

**Advents- und Weihnachtsschmuck**
Mit entsprechendem Pflanzenschmuck werden auch gern die verschiedenen Jahreszeiten oder große Festtage wie Weihnachten, Ostern oder Pfingsten hervorgehoben.
Hier ein Vorschlag für eine Weihnachtsdekoration mit roten und cremeweißen Weihnachtssternen *(Euphorbia pulcherrima)*, die mit den kräftig dunkelgrünen Tannenzweigen sehr gut harmonieren. Sehr schön sind auch Kombinationen aus gleichfarbigen, aber verschieden großen Weihnachtssternen in Verbindung mit glänzendem Weihnachtsschmuck.

**Darf's etwas größer sein?**
Zur Haus- oder Wohnungseinweihung steht meist ein größeres Geschenk an – hier bieten sich große Solitärpflanzen an, die vor allem beim Bezug eines eigenen Hauses oder einer größeren Wohnung stets gern gesehen sind.
Nichts falsch machen kann man mit relativ pflegeleichten Pflanzen für helle bis halbschattige Standorte. Wenn man sich zu mehreren zusammentut, gelingt sogar eine kleine Pflanzgruppe mit passenden Übertöpfen (hier Birkenfeige *Ficus benjamina*, mit grünen und mit weißbunten Blättern, Geigenfeige *Ficus lyrata* und Schefflera *Schefflera actinophylla)*.

**Hydrokultur für Vielbeschäftigte**
Viele Menschen mögen zwar Zimmerpflanzen, haben aber oftmals nicht genügend Zeit, sich ausreichend um sie zu kümmern, sie zu gießen und zu düngen. Für solche Fälle, aber auch für die Begrünung von Büroräumen, bieten sich pflegeleichte Hydrokulturpflanzen in Einzel- oder Sammelgefäßen an.
Hier ein größeres Arrangement für den hellen bis halbschattigen Standort aus Fensterblatt *(Monstera deliciosa)*, Baumfreund *(Philodendron)* und Efeutute *(Epipremnum pinnatum)*.

**QUERVERWEISE**
***Frühlingsgrüße Seite 145***
***Herbstliche Töne Seite 145***

**QUERVERWEISE**
***Pflegeleichter mit Hydrokultur Seite 106/107***

# Schattenplätze reizvoll begrünen

## Kurzinformation

### Schattenverträgliche Kletterpflanzen

**Baumfreund, Efeu, Efeuaralie, Efeutute, Kletterficus, Kletterphilodendron, Königswein, Purpurtute, Russischer Wein**

### Schattenverträgliche Ampelpflanzen

**Geweihfarn, Grünlilie, Henne mit Küken, Judenbart, Tradeskantie**

### Schattenverträgliche Sträucher

**Bergpalme, Blattbegonien, Dieffenbachie, Einblatt, Flamingoblume, Klivie, Kolbenfaden, Marante, Nestfarn, Schefflera, Schusterpalme, Strauchbegonien, Tropenwurz, Zimmerkalla, Zwergpfeffer**

**Zimmerpflanzen fürs Nordfenster**
Pflanzen, die mit etwas weniger Licht auskommen, haben meist auch noch den Vorteil, relativ pflegeleicht zu sein. Trotz ihrer Robustheit sollten wir den genannten Arten, falls auf der Fensterbank nicht genug Platz ist, zumindest in unmittelbarer Nähe zum Fenster einen Platz geben.
Zu den halbschatten- und schattenverträglichen Arten zählen sehr viele Grünpflanzen mit schön gefärbtem Laub, zum Beispiel zahlreiche Sorten von Blattbegonien, aber auch einige Blütenpflanzen wie Drehfrucht, Einblatt, Flamingoblume, Kolumnee, Schamblume, blühende Strauchbegonien und Usambaraveilchen.
Ein warmes Nordfenster eignet sich geradezu ideal für Blatt- und Strauchbegonien, Farne und Bromelien und für vielerlei Pflanzen, die aus dem tropischen Regenwald stammen, wo sie unter dem schützenden Dach großer Bäume und Sträucher wachsen.
Hier im Bild (von links nach rechts): Einblatt *(Spathiphyllum)*, Grünlilie *(Chlorophytum comosum*, hängend), Efeu, Klivie und Baumfreund *(Philodendron)*.

**EXPERTENTIPP**
***Achten Sie im Winter darauf, dass das Fenster gut abgedichtet ist.***

**In jeder Wohnung gibt es Standorte, die nicht allzu hell sind – das ist jedoch lange noch kein Grund, auf freundliches Grün zu verzichten.**

**Lichttolerante Kletterpflanzen**
Efeutute *(Epipremnum pinnatum)* und Efeu *(Hedera)* sind unschlagbar, was ihre Licht- und Wassertoleranz betrifft, und auch der Kletterphilodendron *(Philodendron scandens)* ist mit seiner Anspruchslosigkeit und Wuchsfreude eine ideale Pflanze für Einsteiger. Alle drei eignen sich bestens zur Begrünung dunklerer Ecken oder zur Unterteilung großer Räume. Verbindung von unten bieten Bergpalme, Philodendron und *Dracaena marginata*.

**Tropisches Grün**
Mit Drachenbaum *(Dracaena marginata)*, Fensterblatt *(Monstera deliciosa)* und einer der vielen Baumfreund-Arten *(Philodendron)* können wir uns auch in den etwas dunkleren Räumen ohne weiteres stattliche, hoch wachsende Pflanzen halten. Von Fensterblatt und Baumfreund werden auch panaschierte bzw. buntblättrige Sorten angeboten, die nicht ganz so wuchtig wirken, allerdings etwas empfindlicher sind und etwas mehr Helligkeit benötigen als die grünblättrigen Arten und Sorten.

**Farbe für dunklere Standorte**
Kurzlebige, saisonale Blütenpflanzen, manchmal auch als »Wegwerfpflanzen« bezeichnet, da sie nach dem Abblühen oftmals nicht mehr zu erneuter Blüte gebracht werden können, eignen sich hervorragend, um dunklere Standorte mit leuchtender Farbenpracht auszufüllen. Hier gesellen sich Azaleen-Hochstamm, Becherprimel, Alpenveilchen und Glockenblume zum leuchtenden Grün der zarten Blättchen des Frauenhaarfarns *(Adiantum)*, der als Einziger auch im Halbschatten noch gedeiht.

**EXPERTENTIPP**
***Cissus-Arten lassen sich auch gut zurückschneiden.***

**QUERVERWEISE**
***Fröhliche Farbtupfer Seite 90/91***
***Kurzlebige Blütenpracht Seite 92/93***

# Blumenfenster für jeden Geschmack

## Kurzinformation

### Duftpflanzen

**Blaues Lieschen, Duftgeranien, Fliederprimel, Hyazinthe, Jasmin, Kranzschlinge, Wachsblume**

### Frühlingsblüher

**Amaryllis, Aschenblume, Azalee, Becherprimel, Hyazinthe, Klivie, Kolumnee, Krokus, Narzissen, Osterkaktus, Pantoffelblume, Primeln, Schönmalve, Tulpen, Zimmerkalla**

### Sommerblüher

**Drehfrucht, Edelpelargonien, Flamingoblume, Gerbera, Glanzkölbchen, Hibiskus, Ixore, Katzenschwanz, Lanzenrosette, Schamblume, Usambaraveilchen, Wüstenrose**

### Herbst- und Winterblüher

**Alpenveilchen, Chrysanthemen, Flamingoblume, Passionsblume, Pentas, Weihnachtsstern**

**Der Kräutergarten am Küchenfenster**
Das Fensterbrett in der Küche eignet sich hervorragend zum Aufstellen diverser Küchenkräuter. Stellen Sie am besten die einzelnen Kräutertöpfe in ein größeres Pflanzgefäß, damit beim Fensteröffnen nur ein Gefäß zur Seite gerückt werden muss und verbrauchte Kräuter leicht durch neue ersetzt werden können. Im Bild Jamaikathymian, Buschbasilikum, Zitronengras, Tulberghie und Zimmerknoblauch.

**Duftige Frische**
Viele Zimmerpflanzen erfreuen uns nicht nur mit lebhaftem Grün oder bunten Blüten, sie verströmen auch noch zarte Düfte. Bekanntester und dazu noch pflegeleichter Vertreter duftender Zimmerpflanzen ist die Duftgeranie, die je nach Art nach Minze, Rose, Zitrone oder Muskat riecht. Das Arrangement zeigt (von links nach rechts): Blaues Lieschen *(Exacum affine)*, *Pelargonium grandiflorum* und *P. graveolens*.

**Das Fensterbrett ist ein idealer Standort für viele Zimmerpflanzen, so dass jeder das für ihn passende Blumenfenster gestalten kann.**

**Sonniger Frühlingsgruß**
Um den Winter zu vertreiben, werden im zeitigen Frühjahr gern die verschiedensten Frühjahrsblüher ins Haus geholt, hier gelbe Narzissen und orangefarbene und lila Krokusse in kräftig gelben Töpfen.

**Leuchtende Farben, kräftiger Duft**
Hyazinthen bringen nicht nur leuchtende Farben, sondern auch intensiven Duft in die Wohnung und eignen sich ideal als Empfangskomitee in Flur und Diele.

**Sommerfreude im Haus**
Geranien verschönern im Sommer nicht nur Terrassen und Balkone, die Edelpelargonie eignet sich auch zum Verschönern von Wohnräumen. Mehrere verschiedenfarbige Arten zusammengestellt bringen die ganze Leuchtkraft des Sommers ins Haus. Da in den Sommermonaten viele blühende Zierpflanzen im Angebot sind, können Sie sie auch nach verschiedenen Themen arrangieren, z.B. mediterran (mit Bougainvillee, Oleander, Zitrusbaum, Lavendel, Rosmarin, Salbei) oder tropisch (mit Hibiskus, Dipladenie und Passionsblume).

**Herbstliche Töne**
Im Angebot sind jetzt vor allem üppig blühende Topfchrysanthemen und Heidekraut, die einen Platz am Hauseingang oder im hellen Flur bekommen. Am Fenster finden Blütenpflanzen in warmen Gelb- bis Rottönen einen Platz, kombiniert mit Mitbringseln aus der Natur.
Im Bild (von links nach rechts): Zwergpfeffer *(Peperomia)*, rote Blütenbegonie, Wachsblume *(Hoya)*, dunkelblättrige Blattbegonie, gelbe Blütenbegonie und Muehlenbeckie *(Muehlenbeckia adpressa)*.

**Expertentipp**
***Verwenden Sie Hasel-, Weiden- oder Ginsterzweige als Zusatzdekoration.***

**Expertentipp**
***Herbstliche Accessoires sind: Nüsse, Hagebutten, Zapfen, Zierkürbisse.***

# Zimmerbrunnen und Flaschengarten

## Kurzinformation

### Pflanzen für Zimmerbrunnen

**Baumfreund, Einblatt, Flamingoblume, Dieffenbachie, Drachenbaum, Efeu, Efeutute, Kletterficus, Kolbenfaden, Kroton, Purpurtute, Schefflera, Zypergras**

### Pflanzen für Flaschengärten

**Miniaturformen von: Bubikopf, Drachenbaum, Efeu, Fittonie, Frauenhaarfarn, Kanonierblume, Kletterficus, Kroton, Moosfarn, Nestfarn, Saumfarn, Usambaraveilchen, Zwergpfeffer**

**Sanft plätscherndes Wasser**
Bei diesem Zimmerbrunnen mit Kupferwasserspiel wirken gleich zwei angenehme Dinge auf uns ein: die wohltuende Wirkung der Grünpflanzen (Betelpalme, Purpurtute und panaschierter Efeu) und das beruhigende Plätschern des Wassers, das von Schale zu Schale läuft.
Bei genügender Größe kann der Zimmerbrunnen auch die Luftfeuchtigkeit im Raum erhöhen und feine Partikel in der Luft, wie Hausstaub und Rauch, binden.

**Zimmerbrunnen mit Wasserlauf**
Dieser Zimmerbrunnen mit zwei Wasserläufen und bepflanzt mit Betelpalme, Drachenbaum und Kroton funktioniert als »Zweikreissystem«, d.h. die Wasserversorgung der Pflanzen erfolgt getrennt vom Brunnenkreislauf, so dass die Pflanzen ganz nach ihren Bedürfnissen gegossen und gedüngt werden können.
Achten Sie bei Zweikreissystemen darauf, dass das Brunnenwasser immer in den dazugehörigen Auffangtopf fließt, damit der Brunnen nicht trocken fällt.

**EXPERTENTIPP**
***Zur Begrünung von Zimmerbrunnen Pflanzen in Hydrokultur verwenden.***

**EXPERTENTIPP**
***Verwenden Sie für den Zimmerbrunnen möglichst kalkfreies Wasser.***

**Bepflanzte Zimmerbrunnen sehen nicht nur schön aus, sie erhöhen auch die Luftfeuchtigkeit im Raum. Flaschengärten haben ihr eigenes Mikroklima.**

### Mini-Gewächshaus in der Flasche

Als nettes Mitbringsel oder hübscher Blickfang eignet sich ein Flaschengarten, eine kleine und preiswerte Variante der Pflanzenvitrine, die in vielerlei verschiedenen Glasgefäßen angelegt werden kann.
Hier einige bauchige oder längliche Glasgefäße bepflanzt mit Miniaturformen von Moosfarn *(Selaginella kraussiana)*, Drachenbaum *(Dracaena)*, Kanonierblume *(Pilea)*, Fittonie *(Fittonia verschaffeltii)*, Kroton *(Codiaeum variegatum)* und Usambaraveilchen und mit Kieselsteinen und Wurzelstücken verziert.

### Flaschengarten anlegen

Zuerst füllen wir mit Hilfe eines Papiertrichters oder einer Pappröhre Blumenerde in die Flasche. Die Erdschicht sollte mindestens 5 cm hoch sein. Ideal wäre noch eine etwa 2 cm dicke Schicht Kieselsteine unter der Erde, in der sich überflüssiges Gießwasser sammeln kann, so dass die Erde nie zu feucht wird.
Mit einem an einen Stock gebundenen Löffel wird die Erde gleichmäßig verteilt, anschließend werden mit einem dicken Holzstab die Pflanzlöcher vorbereitet.

### Pflanzen einsetzen

Pflänzchen mit einem verlängerten Löffel und einer verlängerten Gabel vorsichtig in die vorbereiteten Pflanzlöcher setzen. Mit einem Stück Holz oder einem Korken, der an einem festen Draht befestigt ist, die Erde um die Wurzeln herum gut andrücken.

### Angießen

Wenn alle Pflanzen eingesetzt sind – die größeren in die Mitte –, gut angießen. Darauf achten, dass die Blätter nicht nass werden! Dann die Flasche mit einem Korken verschließen. Beschlägt die Innenseite sehr stark, Gefäß einige Tage offen stehen lassen.

**EXPERTENTIPP**
***Zur Bepflanzung von Flaschengärten eignen sich nur Miniaturformen.***

**EXPERTENTIPP**
***Zur Verschönerung Erde mit Kieselsteinen abdecken.***

# Anregungen für kleine Hobbygärtner

## Kurzinformation

### Giftige Zimmerpflanzen

**Alokasie, Amaryllis, Becherprimel, Christusdorn, Dieffenbachie, Efeu, Katzenschwanz, Klivie, Kroton, Madagaskarpalme, Oleander, Palmfarn, Weihnachtsstern, Wüstenrose, Zierpaprika, Zierspargel**

### Dornige/stachelige Zimmerpflanzen

**Agave, Aloë, Christusdorn, Kakteen, Madagaskarpalme, Palmfarn, Yucca**

### Exotische Pflanzen aus Samen gezogen

**Avocado, Dattelpalme, Ingwer, Mango, Orangenbäumchen, Papaya, Passionsfrucht, Zitronenbäumchen**

**Der Mini-Urwald im Terrarium**

Um einen kleinen Urwald im Terrarium anzulegen, braucht man:
ein nicht zu großes Glasterrarium (es kann auch ein altes Aquarium sein), Kies oder Blähton, Blumenerde, kleine Pflanzen, Kieselsteine, Aststücke, Laub, Moos oder Rindenschrot zum Verzieren.

Zunächst eine etwa 3 cm dicke Kiesel- oder Blähtonschicht und darauf etwa 5–10 cm Blumenerde einfüllen. Mit einem Löffel Pflanzlöcher vorbereiten, dann die ausgewählten Pflanzen einsetzen (größere Pflanzen an den Rand, kleinere nach innen). Nach dem Einsetzen die Pflanzen gut andrücken und vorsichtig angießen.

Jetzt kann die Pflanzung noch mit Wurzeln oder Ästen, Steinen, Laub, Moos oder Rindenschrot verziert werden. Ein kleiner Porzellanfrosch oder eine Echse ergänzen den Mini-Urwald.

**Sehr viele Kinder interessieren sich für die Natur und haben Spaß am Beobachten, Anziehen und Vermehren von Pflanzen in Haus und Garten.**

**Kresse ziehen**
Kresse wächst sehr schnell:
Sie braucht zum Auskeimen nur 3–4 Tage. Dazu benötigt sie nicht einmal Erde, sie wächst auch auf feuchtem Papier, feuchter Watte oder Figuren aus Ton, wie hier der Kresse-Igel oder die Kresse-Sonne.
Tonfiguren einige Stunden in zimmerwarmes Wasser legen, damit sie sich gut voll saugen. Danach Kressesamen aufstreuen und Gefäß mit durchsichtiger Folie oder einer Glasplatte abdecken. Sobald die Samen keimen, Abdeckung abnehmen und die Keimlinge feucht halten.

**Bunte Hyazinthentreiberei**
So wird's gemacht:
Spezielle Hyazinthengläser so weit mit Leitungswasser füllen, dass zwischen Zwiebelboden und Wasseroberfläche 0,5 cm Platz bleibt. Zum Wurzeltreiben Gläser 8–10 Wochen kühl (8–12 °C) und dunkel stellen, bei Bedarf Wasser nachfüllen. Haben sich viele weiße Wurzeln gebildet und ragt die Knospe ca. 5 cm aus der Zwiebel heraus, müssen die Gläser ins Warme gestellt und die Knospe mit einem Hütchen abgedeckt werden. Hütchen abnehmen, wenn die Blütenknospe es nach oben schiebt.

**Exotische Pflanzen – selbst gezogen**
Aus dem Kern einer reifen Avocado lässt sich relativ leicht eine Pflanze ziehen:
Kern abwaschen, gut trocknen lassen, häuten und mit der breiten Unterseite 2–3 cm tief in leicht feuchte Blumenerde stecken. Plastikfolie oder umgedrehtes Glas überstülpen (Folie mit Stöckchen vom Samen fern halten und unten zusammenbinden), warm und hell stellen. Vor Sonne schützen und immer etwas feucht halten (sprühen). Sobald sich die ersten Blätter zeigen, die Folie täglich für einige Stunden entfernen. Die Pflanze dann ohne Folie hell und warm stellen.

**Expertentipp**
***Auch Bohnen oder Sonnenblumen keimen sehr schnell aus.***

**Querverweise**
***Pflanzenvermehrung Seite 64–67***

# Erklärung der Fachausdrücke

**Bei der Kultur von Zimmerpflanzen gibt es eine ganze Reihe von gärtnerischen Fachausdrücken, die nicht jedem geläufig sind und hier kurz erklärt werden.**

**Ableger:** Bewurzelte Jungpflanzen aus in die Erde gelegten Seitentrieben einer Mutterpflanze.

**Absenker:** Die Seitentriebe der Mutterpflanze werden in einem Bogen in Erde gesenkt und von dort wieder nach oben gerichtet. An der Umbiegestelle bewurzelt sich der Trieb.

**Auge:** Eine Knospe am Stamm, aus der ein neuer Trieb wächst.

**Ausläufer:** Lange Seitentriebe, an denen sich Pflanzen bilden, die bereits Wurzeln haben oder bei Erdkontakt Wurzeln bilden.

**Ballentrockenheit:** Austrocknen des Erdballens.

**Biologische Schädlingsbekämpfung:** Schädlingsbekämpfung ohne Chemikalien.

**Blattschnittling:** Stecklingsvermehrung aus Blattstücken.

**Blattsteckling:** Stecklingsvermehrung aus einem einzelnen Blatt.

**Blattsukkulente:** Pflanze mit fleischigen, saftigen Blättern, die zur Wasserspeicherung dienen (z.B. Weihnachtskaktus).

**Bodendecker:** Pflanzen mit kriechendem Wuchs (z.B. *Ficus pumila),* die sich gut als Unterpflanzung eignen.

**Bromelien:** Ananasgewächse mit rosettigem Blattwuchs.

**Brutpflänzchen:** Jungpflanzen, die oft schon Wurzeln gebildet haben und auf der Mutterpflanze sitzen, z.B. Brutblatt *(Kalanchoë daigremontiana).*

**Chlorose:** Gelbfärbung der Blätter durch Eisenmangel.

**Daumenprobe:** Praktische Methode zur Feuchtigkeitsmessung des Erdballens: Mit dem Daumen oder Zeigefinger wird die Feuchtigkeit der Substratoberfläche geprüft – ist diese trocken, sollte die Pflanze gegossen werden. Fühlt sich die Bodenoberfläche feucht an, ist das Gießen noch nicht notwendig.

**Düngekegel/-stäbchen:** Spezielle Handelsform für Langzeitdünger.

**Echter Mehltau:** Pilzerkrankung, die weiße, mehlige Flecken auf Blättern und Blüten verursacht.

**Einheitserde:** Handelsübliche Qualitätsblumenerde, die sich für die meisten Zimmerpflanzen als Pflanzsubstrat eignet.

**Epiphyten:** Auf Bäumen wachsende Pflanzen (z.B. Bromelien, Orchideen und viele Farne), denen Äste und Stämme lediglich als Unterlage dienen. Nährstoffe werden nur über das Regenwasser aufgenommen.

**Geilwuchs:** Anormale Wuchsform bei Pflanzen, die ihre Ursache in Lichtmangel und zu hohen Temperaturen, bzw. einseitig einfallendem Licht hat. Erkennbar an zu hellen, weichen Blättern und besonders langen Stängeln.

**Gelbtafel:** Gelb oder blau gefärbte, mit Leim bestrichene Insektenfangtafeln. Ihre Farbe lockt bestimmte Schädlinge an, die dann an dem Klebstoff hängen bleiben.

**Grauschimmel:** Pilzerkrankung, bei der Pflanzenteile von graubraunem Schimmel überzogen sind.

**Hydrokultur:** Kultur von Pflanzen in Blähton statt in Erde. Nährstoffe und Wasser werden über spezielle Vorratsbehälter zugeführt. Gießen und Düngen kann deshalb in größeren Abständen als bei der Erdkultur erfolgen.

**Kindel:** Tochterpflanzen, die sich an der Mutterpflanze bilden. Häufig bei Pflanzen, deren Blätter rosettig wachsen (z.B. Agave, Klivie, Sansevierie).

**Kletterpflanzen:** Pflanzen mit langen Trieben, die zum Emporklettern eine Stütze oder ein Spalier benötigen.

**Kopfsteckling:** Etwa 8–10 cm lange Triebspitze, die abgeschnitten und zur Vermehrung bewurzelt wird.

**Kübelpflanzen:** Große Pflanzen (z.B. Bougainvillee, Oleander, Schönmalve) aus mediterranen Gebieten, die im Sommer auf Balkon oder Terrasse stehen, aber frostfrei überwintert werden müssen. Da sie meist in großen Töpfen stehen, hat sich der Begriff Kübelpflanze etabliert.

**Langzeitdünger:** Dünger, die die für Pflanzen verfügbaren Nährsalze erst nach und nach ins Erdreich abgeben. Voraussetzung dafür ist aber, dass der Boden ausreichend feucht ist, sonst werden die Salze nicht freigesetzt. Deshalb ist eine gute Befeuchtung von Düngestäbchen bzw. Düngekegeln so wichtig.

**Luftfeuchtigkeit:** Menge des in der Luft vorhandenen, gasförmigen Wassers (Wasserdampf). Warme Räume können sehr viel mehr Wasserdampf aufnehmen als kühle.

**Mutterpflanze:** Pflanze, von der Stecklinge oder Ableger zur Vermehrung abgenommen werden.

**Organischer Dünger:** Dünger, der aus organischen Substanzen besteht (z.B. Guano, gemahlene Hornspäne).

**Panaschierung:** Züchtung weiß oder gelb gefleckter oder gestreifter Blätter bei Grünpflanzen.

**Photosynthese:** Chemischer Vorgang, mit dem Pflanzen aus Wasser und dem Kohlendioxid aus der Luft mit Hilfe der Sonnenenergie Zucker bilden können.

**pH-Wert:** Maß für den Säuregrad des Bodens; pH-Werte $>7$ kennzeichnen einen eher basischen (meist auch kalkhaltigeren) Boden, Werte $<7$ zeigen einen sauren Boden an; ein pH-Wert von 7 wird als neutral bezeichnet.

**Solitärpflanzen:** Schön gewachsene, große Zimmerpflanzen, die einen eigenen Standort in der Wohnung bekommen sollten, da sie vor allem einzeln stehend ihre volle Wirkung entfalten.

**Staunässe:** Gießwasser staut sich im Wurzelballen, die Pflanze welkt, weil die Wurzelzellen durch Sauerstoffmangel absterben.

**Steckling:** Teil einer Pflanze, der zur Vermehrung verwendet werden kann.

**Tauchbad:** Methode, um Pflanzen schonend zu bewässern. Dabei wird der Pflanztopf zwei bis drei Stunden in Wasser gestellt, danach lässt man das überschüssige Wasser abfließen.

**Winterruhe:** Pflanzen, die aus unseren Breiten stammen, legen in der kalten bis frostigen und lichtarmen Jahreszeit eine Ruhezeit ein, in der sie ihre Blätter abwerfen und den Stoffwechsel weitgehend einstellen.

# Hilfreiche Zeitschriften und Bücher

**Zeitschriften**

*Bloom's*
Floristik Marketing Service GmbH
40885 Ratingen

*FLORA*
Verlag Gruner + Jahr AG & Co
Postfach 11 00 11
20444 Hamburg

*Grün*
OZ Verlag
Römerstraße 90
79618 Rheinfelden

*Homes & Gardens*
(Deutsche Ausgabe)
Lpm Magazin Verlag
80687 München

*mein schöner Garten*
Burda Verlag GmbH
Senefelderstraße 4
77610 Offenburg

*Schöner leben mit Blumen und Pflanzen*
Lisa – Blumen und Pflanzen
Verlag Medien Innovation GmbH
76530 Baden-Baden

**Weiterführende Literatur**

Becherer: *Kakteen – so blühen sie am schönsten.* Gräfe und Unzer Verlag, München.

Brooks: *Schöner Wohnen mit Pflanzen.* Unipart in der Jünger Verlagsgruppe, Remseck.

Gross: *Palmen auswählen und pflegen.* Gräfe und Unzer Verlag, München.

Hansen: *Zitruspflanzen auswählen und pflegen.* Gräfe und Unzer Verlag, München.

Kötter: *Der Zimmerpflanzendoktor.* Franckh-Kosmos Verlag, Stuttgart.

Markgraf: *Kranke Pflanzen gesund pflegen.* Gräfe und Unzer Verlag, München.

Mittmann: *Kübelpflanzen erfolgreich pflegen.* Gräfe und Unzer Verlag, München.

Paulißen: *Zimmerpflanzen richtig behandeln, erfolgreich pflegen, gesund erhalten.* Naturbuch Verlag, Augsburg.

Röllcke: *Orchideen – so blühen sie am schönsten.* Gräfe und Unzer Verlag, München.

Sator: *Feng Shui. Harmonisches Wohnen mit Pflanzen.* Gräfe und Unzer Verlag, München.

Simon: *Das neue BLV Zimmerpflanzenbuch.* BLV Verlag, München.

# Arten- und Sachregister

Auf den mit * gekennzeichneten Seiten finden Sie eine ausführliche Beschreibung der jeweiligen Pflanze. Die halbfett gesetzten Seitenzahlen verweisen auf Farbfotos und Farbzeichnungen.

## Die Autorin

Anja Flehmig studierte nach ihrer Ausbildung zur Zierpflanzengärtnerin Biologie. Nach einjährigem Voluntariat Redakteurin beim Natur & Text-Verlag. Autorin verschiedener Ratgeber über Zierpflanzen und Gartenpflege.

## Die Fotografen

Die Fotos in diesem Buch stammen von Friedrich Strauß, mit Ausnahme von:

Busek: Seite 15 re. u.;
Eisenbeiss: Seite 82 re., 83 re.;
Henseler: Seite 36 o., u., 37 mi. o., 46 re. o., 47 li., mi., 48, 49;
Reinhard: Seite 81 mi., 98 li.;
Schaefer: Seite 36 mi. o., 37 o., mi. u., 46 li. o., 47 re.;
Wothe: Seite 14 li. o., re. o., 15 li., mi.;
Zunke: Seite 51 o.

## Dank

Verlag und Autorin danken Sonnhild Bischoff für die Mitarbeit an den Texten.

## Impressum



Redaktion: Birgit Hausenberger, Sonnhild Bischoff
Umschlaggestaltung: independent Medien-Design, München
Layout: Christine Paxmann
Herstellung: Ute Hausleiter
Satz: Johannes Kojer
Reproduktion: Repro Schmidt, Dornbirn
Druck und Bindung: Appl, Wemding
Printed in Germany

ISBN 3-7742-1414-X

Auflage 4 3 2 1
Jahr 2003 2002 2001 2000

**Neben der Berücksichtigung der Standorte in Ihrer Wohnung ist bei der Auswahl von Zimmerpflanzen auch wichtig, wie viel Zeit und Muße Sie für die Pflege aufwenden möchten. Pflegeleicht und trotzdem schön sind die hier aufgeführten Arten.**

## Sonniger Standort

| Leicht zu pflegen | Etwas aufwändiger |
|---|---|
| Amerikanische Agave | Blattkaktus |
| Aloë | Buntnessel |
| Christusdorn | Dattelpalme |
| Edelpelargonie | Echte Feige |
| Elefantenfuß | Feigenkaktus |
| Flammendes Käthchen | Graue Tillandsie |
| Leuchterblume | Kokospalme |
| Lebende Steine | Lanzenrosette |
| Madagaskarpalme | Madagaskarglöckchen |
| Sansevierie | Osterkaktus |
| Wüstenrose | Pentas |
| | Silberkerze |
| | Schwiegermuttersitz |
| | Yucca |
| | Zierbanane |
| | Zierpaprika |
| | Zwergpalme |

**Legende**

Blühende Zimmerpflanzen (mehrjährig oder nur für eine Saison).

Mehrjährige Zimmerpflanzen, die durch ihre Blätter wirken (Blattschmuckpflanzen).

Zimmerpflanzen, die gut in Ampeln gepflanzt werden können.

Rankende Zimmerpflanzen (zum Aufbinden an Stäben und Pflanzgittern).

## Schattiger Standort

| Leicht zu pflegen | Etwas aufwändiger |
|---|---|
| Drachenbaum | Efeuaralie |
| Grünlilie | Einblatt |
| Kletterphilodendron | Geweihfarn |
| Schusterpalme | Kletterficus |
| Zimmerefeu | Nestfarn |
| | Zimmeraralie |
| | Zimmerwein |

**10 goldene**

**1. Ohne Sympathie geht nichts**
Kaufen Sie nur Pflanzen, die Ihnen wirklich gefallen.

**2. Gießen nach Bedarf**
Wasser braucht Ihre Pflanze nur dann, wenn der Wurzelballen oberflächlich trocken ist.

**3. Lieber Licht als Schatten**
Die meisten Pflanzen stehen gern am hellen Fenster. Sengende Sonne und dunkle Ecken vertragen nur Spezialisten.

**4. Ruhephase im Winter**
Viele unserer grünen Hausgenossen brauchen in den Wintermonaten einen hellen und kühlen Standort.

**5. Düngen nicht vergessen**
Im Frühjahr und Sommer brauchen Zimmerpflanzen alle 2–4 Wochen frischen Blumendünger.